KB210511

부 . 자 . 꼭 .

부모가 자녀에게 꼭 남겨주어야 하는 그것

부자꼭 : 부모가 자녀에게 꼭 남겨주어야 하는 그것

저자 김원태

초판 1쇄 발행 2020. 5. 6.

발행처 도서출판 브니엘
발행인 권혁선

등록번호 서울 제2006-50호
등록일자 2006. 9. 11.

서울특별시 송파구 백제고분로28길 25 B101호 (05590)
마케팅부 02)421-3436
편집부 02)421-3487
팩시밀리 02)421-3438

ISBN 979-11-90308-19-9 03230

독자의견 02)421-3487
이메일 editorkhs@empal.com

북카페 주소 cafe.naver.com/penielpub.cafe
인스타그램 @peniel_books

도서출판 브니엘은 독자들의 책에 관한 아이디어나 원고를 설레는 마음으로 기다리고 있습니다. 책으로 엮기를 원하는 아이디어가 있으신 분은 위의 이메일로 간단한 개요와 취지, 연락처 등을 보내주십시오. 머뭇거리지 말고 문을 두드리세요. 길이 열립니다.

도서출판 브니엘은 갓구운 빵처럼 항상 신선한 책만을 고집합니다.

부모가 자녀에게 꼭 남겨주어야 하는 그것

김원태 | 지음

자녀를 잘 키우면 어린 자녀는 부모에게 행복과 기쁨이 되고, 바르게 잘 성장한 자녀는 부모에게 면류관이 된다. 그러나 자녀를 잘 못 키우면 어린 자녀는 골칫거리가 되고, 장성한 자녀는 부모의 부끄러움이 될 것이다. 그렇기에 자녀를 올바로 양육하는 것은 인생의 그 어떤 문제보다도 중요하다. 자녀는 하나님이 인간에게 주신 최고의 선물이다. 이 선물을 잘 다루면 큰 축복이지만 잘못 다루면 인생 전체를 고통으로 만든다.

많은 부모가 자신의 삶은 그런대로 잘 살았는데 자녀를 잘못 양육해서 인생 후반을 지옥처럼 산다. 어쩌면 인생에 가장 중요한 것은 자녀 양육일지 모른다. 당신은 당신에게 주신 자녀를 어떻게 양육하려고 하는가? 아무 생각 없이 키우면 자칫 큰 불행을 가져오게 된다. 자녀 양육에는 분명한 생각이 있어야 하고, 분명한 기준이 있어야 한다. 우리 부부는 아이들을 낳아 기르기 전부터 많은 생각을 하였고, 일주일 동안 숙박하면서 자녀 양육 세미나에도 참석하였다. 자녀 양육에 대한 책도 많이 읽었으며, 인생의 선배들을 만나 조언도 들었다. 그중 최고의 답은 역시 성경에 있었다. 우리 부부는 세 자녀를 성경대로 양육하면서 너무나 행복했다.

나는 이 책을 통해 부모가 자녀에게 꼭 해주어야 할 일들을 정리해 보았다. 우리 부부의 인생은 뭐 남들과 특별히 다른 점은 없지만 우리 아이들은 누가 보아도 밝고 행복한 아이들이다. 어떤 부부는 주일 오전예배에 우리 교회를 방문하여 우리 아이들을 보고 난 뒤 곧바로 등록하였다. 그 부부는 우리 아이들에게서 행복을 보았던 것이다. 나는 지금도 우리 자녀들과 같이 있는 것이 너무나 행복하다. 자녀들과 함께하는 것은 짐이 아니라 행복이다.

자녀와 같이 있는 것을 힘들어하는 부모가 많다. 방학이 되면 긴 방학기간이 빨리 끝나서 아이들이 학교에 갔으면 좋겠다고 말하기도 한다. 이것은 정상이 아니다. 자녀가 부모와 함께 행복하게 지내는 것이 정상이다. 대부분의 부모들은 자녀와 함께 있는 방법을 잘 모르는 것 같다. 이 책을 통해 당신이 자녀와 함께하는 것이 행복이 되길 바란다. 이 책을 읽는 이는 자녀가 어릴수록 좋다. 자녀가 중고등학생인 경우는 다소 늦은 감이 있긴 하지만 그래도 희망이 있다. 자녀의 나이가 스무 살이 넘는 독자는 자녀보다는 손주 양육에 대한 답을 얻길 바란다.

당신은 당신의 자녀를 어떻게 양육하고 무엇을 물려주려고 하는가? 나는 이 책을 통해서 부모가 자녀에게 꼭 물려주어야 할 것을 나누려고 한다. 이 책을 통해 절대로 후회하지 않을 것을 자녀에게 물려주게 되길 바란다. 세상의 모든 부모는 자녀에게 유산을 물려준다. 유산의 종류는 여러 가지다. 돈을 물려주는 사람, 땅을 물려주는 사람, 집을 물려주는 사람, 직업을 물려주는 사람, 책을 물려주는 사람…. 당신은 자녀에게 무엇을 물려주는 사람이 될 것인가?

미국 사람들은 죽을 때 유산을 별로 남겨주지 않는다. 미국의 최고 갑부인 빌 게이츠나 워런 버핏도 자녀에게 재산을 최소한만 물려준다. 그런데 한국의 부모 대부분은 자녀에게 많은 재산을 남겨주려고 한다. 부모의 재산을 물려받은 자녀는 대부분 그 재산 때문에 망가지기 쉽다. 사람은 자신이 번 돈이 아니면 그 돈을 너무 쉽게 사용하며 결국 타락하는 경우도 잦다.

어린 시절 우리 아버지는 식사시간에 이런 말씀을 자주 하셨다.

"너희들 대학 졸업한 후에는 숟가락 하나라도 가져갈 생각하지 마라!"

나는 우리 아버지가 참 현명한 분이라고 생각한다. 당신은 자녀에게 무엇을 물려주려고 하는가?

특별히 당신의 자녀가 어리다면 자녀가 어린 시절에 꼭 물려주

부모가 자녀에게 꼭 남겨주어야 하는 그것

어야 할 것이 있다. 나는 대학 시절에 「내가 배워야 할 모든 것은 유치원에서 배웠다」라는 책을 읽었다. 맞는 말이다. 정말 꼭 배워야 하는 것은 어린 시절에 다 배운다. 당신의 아이들에게 한 번밖에 없는 고귀한 어린 시절이 빠르게 지나가고 있다. 당신의 자녀에게 다시 올 수 없는 그 어린 시절에 부모인 당신은 무엇을 물려주어야 하는가? 그냥 재미있게 놀아주는 것만이 답이 아니다. 계획을 세워 자녀의 어린 시절을 추억이 가득한 시간이 되게 만들어주어야 한다. 그래야 후회하지 않는다. 자녀 양육에 성공한 부모는 이 세상에서 눈을 감을 때 행복한 얼굴로 천국으로 갈 것이다. 이 책을 통해 당신이 그 주인공이 되길 바란다.

세 자녀를 둔 아버지
글쓴이 김원태

Chapter 2 _____

좋은 습관을 심어주라

아름다운 추억을
남겨주라

　당신은 자녀에게 무엇을 유산으로 주려고 하는가? 무엇보다 아름다운 추억을 물려주라. 당신의 자녀는 스무 살이 되면 당신을 떠날 것이다. 왜냐하면 스무 살 정도가 되면 대부분의 자녀가 부모를 떠나 대학에 들어가거나 취업을 할 것이기 때문이다. 그래서 스무 살이 되기 전에 부모와 자녀가 함께하는 아름다운 추억을 많이 가져야 한다. 우리 첫째 아들은 스무 살에 미국에 있는 대학을 향해 떠났다. 나를 완전히 떠난 것이다. 물론 방학이 되면 만날 수도 있지만 이미 우리 부부의 손에서 벗어난 것이다. 한번 날아간 새는 돌아오지 않는 것이 자연의 순리다.

　사람들은 막연히 자녀가 늘 함께 있을 것으로 생각하여, 지금 함께 있는 자녀와의 시간이 얼마나 소중한지 모른 채 시간을 보낸다. 당신의 자녀는 지금 몇 살인가? 열두 살이라면 앞으로 8년만 당신 곁에 머물 수 있다. 당신의 자녀가 금방 당신을 떠날 것이라는 다급함과 아쉬움을 가지고, 지금 남아 있는 시간을 계획적으로 보내야 한다.

> 자녀와 함께 아름다운 추억을 만들 계획이 없다는 것은
> 자녀 양육에 대해 실패를 계획하고 있는 것과 같다.
> 지금, 오늘부터라도 당장 긴박성을 가지고 자녀를 대하라.
> 자녀가 당신과 평생 함께 있을 것이라는 막연한 기대를 버리라.

부모가 자녀에게 꼭 남겨주어야 하는 그것

사람은
추억을 먹고사는
동물이다

부모가 자녀에게 남겨주어야 하는 것이 많겠지만 자녀가 내 품을 떠나기 전에 꼭 남겨주어야 하는 것은 가장 먼저 아름다운 추억이다. 사람은 추억을 먹고사는 동물이다. 자녀에게 추억을 남겨줄 수 있는 시간 또한 극히 제한적이다. 자녀가 중학교만 들어가도 자녀와 함께 어디로 여행을 떠난다는 것은 현실적으로 참 어려운 일이다. 그래서 자녀가 어릴수록 부모와 함께하는 아름다운 추억을 만들어야 한다. 부모가 자녀와 함께 좋은 추억을 갖는 것은 자녀에게 있어서는 나무의 뿌리를 든든히 하는 것과 같다.

나무는 태풍이 불어올 때 눈에 보이는 나뭇가지나 열매로
견디는 것이 아니라 눈에 보이지 않는 뿌리의 힘으로 견딘다.
나무가 땅속으로 뿌리를 깊이 내리면 내릴수록,
뿌리가 많으면 많을수록 그 나무는 거센 바람을 잘 견뎌낸다.

부모와 함께 좋은 장소에 다니고, 부모와 함께 좋은 시간을 보낸
아름다운 추억이 많은 자녀는 '인생이란 삶'에서 풍성한 자양분을
가진 것이다. 그 아이는 삶에 풍랑이 불어와도 결코 쉽게 넘어지지
않을 것이다. 부모와 함께한 아름다운 추억이 많은 자녀일수록 정서
에 안정감이 있다.

자녀가 부모와 같이 놀았던 행복한 추억이 많은 사람은
그만큼 인생을 풍요롭게 하는 뿌리를 많이 가진 것이다.

어릴 때 부모로부터 보릿고개 시절에 대한 이야기를 들었다. 그
때는 먹을 쌀이 없어서 보리로 끼니를 때우고 살았는데 그 보리마저
도 없이 어렵게 지내는 시기를 '보릿고개'라고 말한다. 그때는 반찬
도 없이 겨우 보리만으로 끼니를 때워야 했다.
또 우리나라 속담에 '자린고비'라는 말이 있는데, 마른 조기를 천
장에 걸어두고 그 마른 조기 한 번 쳐다보고 밥 한술 먹고 또 마른 조

부모가 자녀에게 꼭 남겨주어야 하는 그것

기 한 번 쳐다보고 밥을 먹었다는 이야기에서 나온 말이다. 눈에 보이는 마른 조기를 반찬 삼아 밥을 먹은 것을 '자린고비'라고 말한다. 천장에 매달아 둔 마른 조기가 바로 좋은 추억이다.

부모와 좋은 추억을 가지고 있는 자녀는 인생의 어려움을 당할 때 그 추억을 바라보고 눈물을 멈춘다. 그리고 다시 일어난다. 부모와 함께한 좋은 추억을 가진 사람은 좀처럼 우울해하거나 쉽게 외로움에 빠지지 않는다. 부모와 함께한 좋은 추억을 가진 아이는 평생 마음의 부자로 산다. 그래서 부모는 자녀가 어릴 때 반드시 좋은 추억을 남겨주어야 한다.

나는 어린 시절 엄격한 아버지 밑에서 자랐다. 그래도 내가 아버지를 좋아하는 이유는 아버지가 내게 준 좋은 추억이 가득하기 때문이다. 봄이 되면 광에서 씨감자를 가지고 나오셔서 감자를 잘라 밭에 심었다. 어린 시절에는 아무 생각 없이 그냥 아버지가 시키시는 대로 감자를 땅에 심었다. 여름이면 온 가족이 함께 울산 방어진 해수욕장에 가서 온종일 놀았다. 아버지와 어머니는 바다 수영을 잘하셨다. 우리도 같이 즐겼다.

가을이 되면 논에 있는 벼를 베어다가 집 마당에 수북이 쌓아두고 온종일 타작을 하였다. 철이 없어서 타작하는 일은 돕지 않고 볏단 위에 올라가 장난치고 놀았다. 겨울에는 아버지가 직접 연을 만들어주셨다. 대나무를 잘라 와서 양지바른 마루에 앉아 연을 만드셨다. 나는 아버지 곁에서 심부름하며 연 만드는 일을 도왔다. 아버지가 손수 만드신 연이 공중에 날아오를 때 내 기분도 같이 하늘 높이 날아올랐다. 또 추운 겨울엔 팽이를 직접 깎아 만들어 빙판 위에서 팽이치기를 같이하셨고, 얼음 썰매도 만들어 논 위 얼음판을 같이 달리셨다.

평소엔 엄격한 아버지셨지만 내게 수많은 추억을 남겨주셨다. 내가 다니던 중학교는 우리 집에서 한 시간 정도 걸어가야 하는 먼 거리였는데 늦잠을 자거나 가방이 무거울 때면 아버지는 나를 자전거 뒤에 태우고 학교에 데려다주셨다. 겨울의 차가운 바람을 피하기 위해 아버지 등 뒤에 꽉 붙어 있다가 잠들었던 적도 있다. 지금 이런 글을 쓰니 천국에 계시는 아버지 생각에 눈시울이 붉어진다. 나의 부모님은 나에게 참으로 많은 추억을 물려주셨다. 나도 내 자녀들에게 좋은 추억을 물려주려고 노력한다.

첫째 아들이 초등학교 4학년 때 일이다. 아들의 생일인 10월 30일이 되었다. 나는 아들에게 학교를 조퇴하고 일찍 집으로 오라고 하였다. 아들의 생일에 무엇인가 특별한 것을 하고 싶었다. 온 가족이 63빌딩에 가서 아이맥스 영화를 보기로 하였다. 63빌딩에 도착하여 점심을 맛있게 먹고 아이맥스관으로 갔다. 낮에는 손님이 없어

부모가 자녀에게 꼭 남겨주어야 하는 그것

상영이 안 된다고 하였다. 그런데 관객이 5명이 되면 상영한다고 하였다. 우리 식구가 5명이다. 우린 신났다. 마치 그 큰 아이맥스 관을 우리 가족만을 위해 전세 낸 것 같았다. 아이들은 떠들고 재잘거리며 신나게 대형화면의 영화를 보았다.

우리 첫째 아들은 지금도 이 일을 얘기한다. 아마 온 가족이 자신의 생일을 위해 시간을 내어 함께 즐겁게 지낸 것이 행복했던 모양이다. 생일 파티는 평생 계속할 것이지만 기억에 남는 확실한 추억을 남겨주는 것은 참 좋은 일이다. 우리 가족은 공휴일이나 여름 휴가 기간에는 어디 놀러 가지 않는다. 오히려 집에서 조용히 시간을 보낸다. 남들이 모두 움직이는 시간에 나가면 도로가 꽉 막혀 시간만 낭비한다. 그래서 주로 월요일 나들이를 많이 한다. 내가 목사여서 월요일 시간이 자유롭기 때문이다. 아이들 학교는 그날 쉬면 된다. 요즘은 학교에서도 부모와 함께 자연 탐사 가는 것을 수업으로 인정해준다.

한번은 한동대 집회에 가게 되어 온 가족이 함께 경주로 갔다. 서울에서 경주로 내려갈 때는 서해안 쪽으로 가고 올라올 때는 동해안 쪽으로 오기로 정했다. 서해안을 따라 내려가면서 석양을 보았다. 얼마나 아름다운지 모두 감동하여 차 안에서 찬양하였다. 올라올 때는 동해안 쪽으로 가서 일부러 일출을 볼 수 있는 펜션에 숙식

하였다. 새벽부터 일어나서 일출을 보기 위해 기다렸다. 얼마나 엄청난 광경이었는지 아직도 그 광경이 눈에 가득하다.

　　교회에서 5월 한 달 안식월을 얻어 온 가족이 미국에 간 적도 있다. 미국에서 공부한 박사학위 졸업식에 참석하기 위해서였다. 이왕 미국에 가는 거 그냥 좋은 곳을 보기보다 자녀들에게 분명한 추억을 주기 위해 그랜드캐니언을 보기로 하였다. 라스베이거스 공항에 내려 차를 빌렸다. 처음 가보는 길이지만 내비게이션을 찍고 달리기 시작하였다. 중간에 후버댐도 보고 식사도 하며 5시간 정도 달렸더니 그랜드캐니언이 나왔다. 한 달 전에 인터넷으로 그랜드캐니언 입구에 숙소를 정해 두었다. 그곳에 짐을 풀고 가까운 식당에 들어갔다. 그 식당은 대부분의 종업원이 멕시코인이었다. 그날이 마침 우리 둘째 딸의 생일이었는데 우리가 딸의 생일을 축하하자, 종업원들이 와서 딸에게 특별한 모자를 씌우고 스페인어로 축하해주었다. 우리는 그들에게 스페인어를 몇 마디 배우면서 행복한 시간을 보냈다.

　　그리고 마침내 그랜드캐니언을 보게 되었다. 정말 입이 딱 벌어질 정도로 장엄한 광경이었다. 대부분의 한국 사람들은 그곳에 관광을 가면 사진만 몇 장 찍고 그냥 돌아간다. 그런데 우리 가족은 그곳에 일주일 동안 머물면서 보통 관광객이 가지 않는 곳을 많이 찾아다녔다. 어느 곳에서는 온종일 앉아 그랜드캐니언을 바라보며 그림을 그리기도 하고, 그곳에 관광 온 사람들과 대화도 나누며 식사도 같이하였다. 그랜드캐니언에 얽힌 여러 가지 이야기가 큰 도움이 되었다. 특히 창조과학에 관심이 많은 첫째 아들은 너무나 행복해하였다. 그곳에 있다 보니 아예 며칠씩 배낭을 메고 그랜드캐니언 밑바닥으로 내려가는 사람들도 있었다. 그랜드캐니언에 있었던 일주일은 우리 가족에게 정말 잊지 못할 아름다운 추억이 되었다.

언젠가 일간신문에서 본 기사가 생각난다. 고등학교 자녀를 둔 부모가 아들이 학교에서 왕따를 당하고 정신질환을 앓게 되자 회사를 휴직하고 전셋돈을 빼서 온 가족이 함께 전국 자전거 투어를 시작했다. 학교도 휴학하고 일 년 동안 온 가족이 함께 여행을 다녔다. 첫째 아들은 처음에는 가지 않겠다고 버티다가 가족의 결정을 따라 억지로 같이 떠났다. 전라도로 가서 다산 정약용의 묘도 가보고, 남원 광한루에 가서 이 도령과 춘향이도 느껴보고, 바닷가에 가서 민박하면서 어촌의 냄새와 바닷바람도 맞으며 석양의 아름다움도 보았다. 해변에서 가족이 함께 모래성도 쌓고 소낙비를 맞으며 해수욕도 해보았다. 평생 처음 해보는 것이 많았다.

학교에서 느꼈던 경쟁과 긴장은 차츰 사라지고 가족이 함께하는 자전거 여행이 행복해졌다. 충무, 부산, 울산, 포항, 영덕, 동해, 설악산 등 가는 곳마다 행복이었다. 시장통에서 열심히 사는 사람들에게서 에너지를 얻었고 가족과 함께 다니는 재미에 푹 빠졌다. 가족은 행복이었다. 어느덧 왕따의 상처는 사라지고 아버지를 도와 가족을 이끄는 리더가 되었다. 이 부모는 자기 평생에 제일 잘한 일이 가족과 함께한 전국 자전거 투어라고 말하였다. 그 일 년의 전국 투어로 평생을 함께 있어도 얻을 수 없는 수많은 추억을 얻었다.

부모가 자녀에게 좋은 추억을 남겨주는 것은 부모의 의무이자 특권이다. 할 수만 있다면 자녀와 함께 좋은 추억을 만들라. 이것은 낭비가 아니고 자녀의 인생에 아름다운 선물을 주는 것이다. 부모와 함께 여행한 추억, 부모의 손을 잡고 놀았던 추억, 잠자리 잡던 추억, 물고기 잡던 추억, 목말 태워주면서 놀았던 추억 등. 특별히 돈을 많이 들여서 해외여행 갔던 것은 꼭 사진으로 남겨놓아야 한다. 증거물이 있으면 자녀가 커서 좋은 이야깃거리가 된다. 우리 아이들은 어린 시절에 부모와 함께 여행 다녔던 사진을 지금도 방문에 붙여놓고 있다. 방에 들어갈 때마다 그 사진을 보면서 얼굴에 미소를 짓는다.

그렇기에 일 년에 한 번은 꼭 가족여행을 했으면 한다. 여행한다고 해서 꼭 많은 돈을 들여 해외여행을 해야 하는 것이 아니다. 돈을 들이지 않고도 얼마든지 좋은 추억을 남길 수 있다. 축구를 같이한 추억, 고무줄놀이를 하던 추억, 자전거 타는 법 가르쳐주기 등 부모와 함께한 따뜻한 추억이 있어야 한다. 나는 우리 세 아이가 모두 자전거를 탈 수 있도록 도와주었고, 아내의 도로주행을 도와주기도 했다. 내가 아내의 도로주행을 돕는다고 하자 주위 사람들은 절대 하지 말라고 만류했다. 자칫하면 큰 부부싸움이 난다는 것이다. 그러나 나는 한번 해보고 싶었다. 정말 화가 난 적도 있었지만 잘 이겨내었고, 결국 함께 안전하게 도로주행을 마칠 수 있게 되었다. 그리고 참으로 소중한 추억이 되었다.

나는 목사이기에 여러 곳에 집회를 자주 다니고 일 년에 두세 번 정도는 해외집회를 하러 간다. 해외로 갈 때면 가끔 세 자녀 중 한 명을 데리고 해외여행을 한다. 세 명을 다 데리고 가면 너무 큰 비용이 들기에 한 명만 데리고 간다. 자녀와 함께 가면 비행기 안에서의 시간도 지루하지 않고 아이와 함께 있으면 훨씬 안정감이 있어 나 자신에게도 좋다. 자녀와 단둘이 해외여행을 같이하는 기간은 그 아이에게만 집중하는 좋은 시간이며, 그 아이에게 평생 잊지 못할 아름다운 추억을 만들어주는 귀한 시간이다.

처음으로 첫째 아들을 데리고 미국으로 갔다. 그때 아들이 초등학교 3학년 정도였던 것 같다. 2주일 동안의 여행을 마치고 돌아와서 아내가 아들에게 물었다.

"신영아, 아빠와 여행 어땠어?"

우리 아들이 이렇게 대답하였다.

"처음 떠날 때 내 마음은 구약의 하나님을 보는 것 같았고, 돌아와서는 신약의 예수님을 만나는 것 같았어요."

다소 어려운 말 같지만 처음 떠날 때는 아빠가 구약의 하나님처럼 무서웠는데 2주 동안 같이 지내보니 마치 신약의 예수님처럼 따뜻하였다는 말이다. 아이와 단둘이 여행하면 굉장한 친밀감을 누리게 된다.

첫째 아들이 어린 시절에 나는 두란노에서 〈생명의 삶〉 편집장으로 일하였다. 그래서 아들과 많은 시간을 함께하지 못하였다. 보통의 직장인들처럼 아침에 일찍 나가고 밤늦게 돌아왔다. 잠자고 있는 아들에게 다가가 안아주려고 하면 싫다며 밀어냈다. 그런데 미국 여행에서는 늘 나와 함께 잤다. 외국에서 혼자 자는 것이 무서웠던지 아빠를 꼭 안고 잤다. 한국에 돌아와서도 아빠와 함께 잠자는 것을 좋아하였다. 이것이 여행의 유익이다.

첫째 아들이 열두 살이 되었을 때는 함께 중국을 다녀왔다. 나는 세 아이에게 열두 살이 되면 중국을 데리고 가겠다고 약속했다. 왜 열두 살이냐 하면 그때 정도면 중국 오지에 들어갈 때 받는 문화 충격을 이겨 낼 수 있다고 여겼기 때문이다. 첫째는 중국에서 처음으로 양고기를 먹고 설사했던 기억이 있다. 그래도 중국에 가자고 하면 언제나 좋아한다. 중국에서 특이한 경험도 많이 하였다. 온 동네에 하나밖에 없는 공동화장실, 끝없이 펼쳐져 있는 옥수수밭, 온 길을 가득 메우는 자전거 무리, 여러 처소교회의 뜨거운 예배….

셋째도 열두 살 때 중국으로 데려갔다. 셋째는 중국에서 양고기를 먹고 좋아하였다. 그래서 밤마다 양꼬치를 사달라고 하였다. 처음 먹어보는 이상한 냄새가 나는 두리안도 좋아하였다. 셋째의 머리에 중국은 맛있는 나라로 입력되어 있는지 중국에 가자고 하면 언제나 좋아한다. 둘째 딸은 중국에는 가고 싶지 않다고 해서 뉴질랜드 집회 때 데리고 갔다. 지금도 우리 딸은 엄마 아빠와 함께 뉴질랜드에서 등산갔던 얘기를 가끔 하면서 행복해한다. 뉴질랜드에서 꽤 높은 산에 올라갔었다. 다리가 아프다는 딸을 등에 업고 올라갔다. 둘째 딸은 아빠 등에 매달려 너무나 행복해하였다.

아이들은 아빠와 함께 다녔던 사진을 자기 방에 걸어두고 행복해한다. 어린 시절 부모와 함께한 좋은 추억은 자신을 행복한 아이로 생각하게 만들어주고 미래에 자신이 가져야 할 가정에 대한 좋은 꿈을 그리게 한다.

얼마 전에는 첫째 아들이 막 돌을 지나고 부산 해운대에서 놀았던 비디오를 보게 되었다. 아직 말을 못해 "아다다다" 하는 말을 듣고 얼마나 좋아했는지 모른다. 그 비디오는 해운대에 함께 갔던 어떤 장로님 부부가 찍어준 것이다. 지금 성인이 된 첫째가 그 비디오를 자주 보는데 세상에서 제일 재미있는 비디오라고 말한다.

우리 자녀들은 성인이 되어서도 어린 시절 부모와 함께 행복하게 지낸 사진이나 비디오를 통해 어린 자신을 보게 되면 굉장한 안정감을 가진다. 아이들이 초등학생 때 저녁 식사하면서 떠들고 장난치는 것을 녹음한 것이 있다. 10년이 넘은 녹음테이프를 들려주니 자기들의 어릴 때 목소리를 듣고 신기해하기도 하며 무척 좋아한다.

부모가 자녀에게 절대 하지 말아야 할 것

부모가 자녀에게 절대 하지 말아야 할 것이 있다. 그것은 "네가 어릴 때 다리 밑에서 주워 왔다"는 말이다. 이 말은 아이의 자존감을 송두리째 흔들어놓는다. 자신이 지금 부모의 자녀가 아니라는 것은 정체성에 가장 큰 혼란을 주는 나쁜 말이다.

나는 어린 시절에 친구 어머니가 나를 놀린다고 "원태야, 너는 다리 밑에서 주워왔다. 너를 다리 밑에서 주워오는 것을 내가 봤단다"라고 말하였다. 나는 이 말을 듣고 며칠을 울었다. 내 친구 어머니가 보았다는 말에 조금도 의심하지 않고 그냥 믿었던 것이다. 지금 생각해보니 얼마나 어리석은 일인지 모른다. 왜냐하면 내가 다섯 아들

중에 우리 아버지와 가장 똑같이 닮았기 때문이다.

부모들이여! 자녀의 자존감을 흔드는 말을 하지 말고 "너는 내게 소중한 아이란다"라는 증거로 아름다운 추억을 많이 남겨주라. 당신의 자녀가 할아버지나 할머니를 좋아하는가? 그렇다면 자녀와 함께 대화를 나누는 할아버지나 할머니의 모습을 영상으로 남겨주라. 큰 선물이 될 것이다. 할아버지 할머니와 함께 할 수 있는 시간이 오래 남지 않았기 때문이다. 영상이 어려우면 녹음을 해서 남겨주어도 무척 좋은 선물이 될 것이다.

나는 우리 아이들이 나에게 주었던 편지나 카드를 다 모아둔다. 큰 파일에 아이들이 어린아이 때부터 나에게 주었던 것을 다 모아두었다. 색종이로 접어서 준 비행기, 배, 그림일기, 메모, 내 생일 때마다 나에게 적어 준 카드 등 나이 순서대로 다 모아두었다. 가끔 자녀들이 나에게 준 그 편지나 카드를 보면 기분이 무척 좋아진다. 나중에 우리 아이들이 결혼할 때 내가 그들에게 돌려주려고 한다.

사람은 머리가 좋은 사람보다 마음이 따뜻한 사람을 좋아한다. 이것을 다른 말로 하면 정서적 안정감이 있는 사람이 좋다는 말이다. 농사를 짓고 살던 과거에 비해 현대는 모든 것이 복잡한 예측불허의 시대이기에 정서적 안정감이 있는 사람이 성공할 수밖에 없다. 세계적인 올림픽 피겨 선수들은 마지막 순간의 아주 작은 실수가 큰 점수 차로 등수가 매겨진다. 올림픽 무대에 서는 선수들은 4년 내내

피나는 연습을 한 사람들이다. 이들의 점수 차는 연습의 차이라기보다 자신감의 차이다. 그 중요한 자신감은 어린 시절 부모가 자녀에게 물려주는 것이다.

나는 지금도 틈만 나면 우리 아이들 곁에서 무엇인가를 같이하려고 한다. 한번은 인천에서 집회가 있었다. 낮 시간을 우리 아이들과 함께하기 위해 일부러 집에 왔다가 저녁에 인천으로 간 적이 있다. 먼 거리를 일부러 왔다가 간 것이다. 딸이 나에게 왜 멀리서 이렇게 왔다 갔다 하느냐 물었다. 내가 우리 사랑스러운 딸이 보고 싶어서 그랬지 하니 딸의 눈에 눈물이 가득하였다. 정말 나는 딸이 보고 싶어서 왔다. 그날 딸과 함께 이것저것 이야기하다가 다시 저녁 집회를 위해 떠났다.

부모가 자녀에게 줄 수 있는 최고의 것은 바로 함께 있어주는 시간이다. 자녀가 부모와 함께 있는 시간은 이제 곧 사라진다. 부모에게 주어진 시간을 자기 일하는 데만 사용한다거나 아니면 다른 사람을 만나는 데 다 사용하기보다 내 자녀에게 나의 시간을 나누어주어야 한다. 그것이 자녀에게 줄 수 있는 최고의 선물이다.

오늘도 시간을 내어 자녀에게 아름다운 추억을 남겨주라. 멀리 가지 않아도 된다. 자녀와 함께 카드놀이를 해도 된다. 우리 집 거실에는 놀이기구를 모아둔 박스가 있다. 카드놀이, 블록 쌓기, 할리갈리, 윷놀이, 주사위 놀이, 젠가, 루미큐브, 우노, 더치, 단어 맞추기,

스크램블 등. 이런 게임들은 내가 제일 못한다. 매번 꼴찌다. 아이들은 이런 게임을 못하는 아빠를 가장 좋아한다. 뭐 특별한 놀이기구가 없으면 수건으로 서로 당기기를 해도 좋다. 이렇듯 자녀와 함께 있을 때 TV만 보지 말고 아름다운 추억을 만들어주라. 결코 헛된 시간이 되지 않을 것이다.

좋은 부모가 될 기회는 항상 주위에 있다

매일 밤 잠자기 직전에 베드타임 스토리를 잘 사용해도 좋은 추억을 줄 수 있다. 나는 베드타임 스토리를 매일 밤 한 것은 아니지만 할 수만 있으면 이 시간을 가지려고 노력했다. 일단 밤에 잠잘 준비를 다 하고 불을 끄고 누우면 내가 조그마한 플래시를 비추고 책을 읽어주었다. 인생에 도움이 되는 책을 선정하여 한 챕터를 읽고는 내 생각을 말해주었다. 어떨 때는 스토리를 읽다가 벌떡 일어나 읽은 내용에 대해 밤을 새우면서 대화를 나눈 적도 있었다. 아이들은 베드타임 스토리를 무척 좋아하였다.

좋은 부모가 될 수 있는 최고의 기회는 쉽게 지나가고 있다. 매일 지나가는 일상의 행복을 놓치지 말았으면 한다. 어떤 교회에 가서 자녀 양육에 대한 특강을 하였는데 한 집사님이 저녁 식사에 나를 초대해주셨다. 그분은 몇 해 전 다니던 직장을 퇴직 후 사업을 하다가 쓰디쓴 실패를 맛보고, 요즘은 일을 내려놓고 우울한 마음이 가득했는데, 이 시간에 자녀들에게 좋은 추억을 만들어주어야겠다고 생각하니 갑자기 큰 광맥을 찾은 것처럼 행복해졌다고 말하였다.

나보다 내 자녀가 더 잘된다면 얼마나 행복한 일이겠는가? 나를 행복하게 하지 말고 자녀들을 행복하게 만들어주라. 그것이 곧 나를 행복하게 만드는 길이다. 당신이 디딤돌이 되어 자녀들이 그 디딤돌을 딛고 높이 오르게 하라. 부모가 자녀에게 좋은 추억을 주는 일은 결코 후회하지 않을 일이다.

지금 이 책을 읽는 당신이 아버지인가? 회사나 직장에서 받은 스트레스를 집에까지 가지고 오지 말라. 만약 그렇게 한다면 온 가족이 당신 때문에 초조해질 것이다. 직장의 문제를 집에까지 가져와서 가족과 함께 보내야 할 행복의 시간을 망치지 말라.

인생에는 결코 되찾을 수 없는 것이 있다.
자녀에게 추억을 줄 수 있는 시간은 그리 길지 않다.
이제 곧 당신 품에서 떠나버릴 자녀들에게
할 수 있는 한 아름다운 추억을 많이 남겨주어라.

부모가 자녀에게 꼭 남겨주어야 하는 그것

지금 당신 곁에 자녀가 있는가? 그 시간이 항상 있으리라 생각하지 말라. 당신 자녀에게는 당신이 추억으로 채워주어야 하는 빈 공간이 있다. 그 공간을 그냥 공백 상태로 두지 말라. 당신의 미소, 당신의 격려, 당신의 손길, 당신의 따뜻한 말 한마디, 당신의 체온, 당신의 숨결, 당신의 향기를 자녀의 추억에 남기라. 부모가 자녀와 함께하는 추억은 남들이 만들어주는 것이 아니라 부모인 당신만이 자녀들에게 남겨줄 수 있다. 당신이 어딘가 좋은 장소를 갔는가? 혼자 즐기지 말고 자녀를 데리고 꼭 그 장소를 가라. 당신이 어딘가에서 좋은 음식을 먹었는가? 혼자 먹지 말고 자녀를 데리고 꼭 그 장소를 가라.

인생은 정말 짧다. 인생은 좋은 추억으로 가득 차야 한다. 나중에 해야지 하며 자녀와 함께 할 시간을 미루지 말라. 미루다간 영원히 못하게 된다. 오늘이 기회이다. 아니 지금이 기회이다.

최고의 명소는 가족과 함께 있는 곳이다.
최고의 시간은 가족과 함께 지내는 시간이다.
최고의 부자는 사랑하는 가족과 함께 있는 자다.
최고의 추억은 가족과 함께 행복을 누리는 것이다.

일주일에 하루는 가족과 함께하는 패밀리 타임으로 정하고 그 시간을 지키라. 결코 후회하지 않는 인생이 될 것이다. 사람들이 죽어갈 때 마지막으로 후회하는 것은 가족과 함께 좀 더 사랑을 나누지 못한 시간이다. 당신은 그런 후회를 하지 않기 바란다. 자녀와 좋은 추억을 만드는 것은 꼭 어떤 장소에 가고 어떤 사건을 만들어야만 하는 것이 아니다. 자녀를 사랑하는 모든 행동 그 자체가 좋은 추억이 되는 것이다.

제2차 세계대전 패전국 가운데 하나가 이탈리아이다. 2차 대전 직후에 이탈리아 시칠리아 섬에서 있었던 일이다. 그 섬에 산 하나를 사이에 두고 두 개의 고아원이 있었다. 한 곳은 연합군과 결연관계를 맺어 시설도 좋고 영양가 있는 음식을 먹을 수 있는 곳이었다. 또 다른 고아원은 제대로 된 건물조차 갖추지 못한 열악한 곳이었다. 비바람을 가릴 수도 없었고 후원하는 단체나 사람이 없어서 아이들은 분유조차 제대로 먹지 못했다. 정말 형편없는 고아원이었다.

그런데 이상하게 좋은 시설에서 좋은 음식을 먹었던 고아원 어린이들의 사망률이 시설이 나쁜 쪽의 고아원보다 60% 이상 더 높았다. 좋은 시설에서 영양가 있는 음식을 먹이는데 왜 사망률이 더 높았을까? 그 이유를 찾아보았더니 열악한 시설의 고아원에 특별한 여성이 있었다. 그녀는 전쟁 중에 세 아들을 잃고 정신이 온전하지 않은 상태로 이 고아원에 들어오게 되었다. 그녀는 그 고아원에 수

용된 모든 아이를 자기 자식으로 착각하였다. 그래서 마치 자기 자식을 돌보는 것처럼 사랑으로 돌보았다. 안아주고, 업어주고, 일으켜주고…. 하루 이틀이 아니라 수년간 그 아이들을 그렇게 돌보았다. 비록 시설이 좋지 않고 좋은 음식은 먹지 못했지만 아이들은 어머니의 따뜻한 사랑을 받으며 자랐기에 사망률이 확 줄어든 것이다.

사랑받으며 성장한 아이는 죽음도 이길 힘을 가진다. 사랑을 많이 받고 자란 아이는 남을 사랑할 힘이 있다. 용서를 많이 받고 자란 아이가 다른 사람을 포용할 수 있고 용서할 수 있다. 당신 자녀에게 좋은 선물을 주기보다 사랑이 듬뿍 담긴 마음으로 안아주라. 세상에 있는 모든 자녀는 부모의 사랑을 원한다. 추운 겨울날 자녀와 함께 길거리에서 뜨거운 고구마, 어묵, 떡볶이도 먹고 길거리표 액세서리도 사주라. 다 잊지 못할 좋은 추억이 될 것이다. 자녀는 부모에게 돈을 원하는 것이 아니라 사랑이 담긴 추억을 원한다.

당신 자녀에게 크게 화낼 일이 생겼는가? 그때가 당신의 사랑을 증명할 좋은 시간이다. 당신의 자녀를 사랑으로 품어줄 좋은 기회이다. 당신 자녀에게 무슨 일이 일어나든 상관없이 당신이 사랑을 선택한다면 가장 좋은 선택을 하는 것이다. 자녀는 자기가 실수했을 때 부모가 사랑으로 대해준다면 큰 사랑을 느낄 것이다. 어쩌면 그때 선택한 그 사랑을 평생 마음에 품고 살아갈 것이다. 우리는 자녀를 사랑하라고 하면 자칫 잔소리를 많이 하는 부모가 되기 쉽다. 자녀는 잔소리로 크는 것이 아니라 사랑과 격려로 자란다. 자녀는 부모가 그냥 자신의 존재 자체를 사랑해주길 원한다.

부모들이여, 아이의 실력이나 재능을 사랑하지 말고
그 아이 존재 자체를 사랑하라.

부모의 사랑을 많이 받은 자녀는 이 세상의 그 어떤 고난도 다 이길 힘을 가진다. 부모의 사랑은 자녀의 인생이 거목이 되게 하는 밑거름이다. 사람은 사랑을 먹고 사는 존재이다. 부모의 사랑을 많이 받은 아이는 이 세상을 이끌 무한한 자원을 가진 리더가 된다. 당신 자녀를 부모의 사랑을 흠뻑 받아 세상 곳곳에 고귀한 사랑을 나누어주는 자로 자라게 하라. 부모의 풍성한 사랑은 자녀에게 "너는 이 세상에서 사랑받을 특별한 존재"라는 자존감을 준다. 부모만큼 자녀를 사랑해줄 사람은 없다.

당신의 자녀에게 세상에서 가장 사랑한다고 말하라. 통화를 마칠 때는 사랑한다는 말로 끝내라. 매일 아침 자녀에게 사랑한다고 말하며 하루를 열라. 매일 밤 자녀들에게 사랑한다고 말하고 잠자리에 들라. 모든 자녀는 부모로부터 사랑한다는 말을 듣고 싶어 한다. 사랑을 줄 수 없는 부모란 없고, 사랑이 필요하지 않은 자녀도 없다.

당신이 부모라면 자녀를 향해 사랑한다는 말을 입에 달고 살라.

정말 나쁜 부모는 "우리 아버지는 참 무서웠어"라든지 "우리 아버지는 일만 아는 아버지였어"라고 말하게 하는 사람이다. 당신이 죽었을 때 "우리 아버지는 나를 많이 사랑한 분이었어"라는 말을 하게 하라. 자녀는 하나님이 주신 최고의 선물이다. 이들과 함께 할 수 있는 소중한 순간들을 그냥 막 지나가게 하지 말라. 자녀와 함께하는 순간순간은 최고의 보석이다.

[베드타임 스토리로 좋은 책]

1. 초등학생까지 어린 시절
   - 맥스 루케이도 시리즈
     (아주 특별한 너를 위하여)
   - 위니 더 푸 시리즈
   - 신기한 스쿨버스 시리즈
   - 이솝 우화 시리즈
   - 위인전 시리즈
   - 어린이 성경
   - 어린이 탈무드
   - 톨스토이 동화 13편
   - 하나님을 알아가는 아이
   - 아낌없이 주는 나무

2. 중고등학생 시절
   - 나니아 연대기
   - 톨스토이 단편
   - 예수님이라면 어떻게 하실까?
   - 천로역정
   - 목적이 이끄는 삶
   - 긍정의 힘
   - 폰더 씨의 위대한 하루
   - 칭찬은 고래도 춤추게 한다
   - 내면세계의 질서와 영적 성장
   - 누가 내 치즈를 옮겼을까?
   - 십대를 위한 수필
   - 원더풀 라이프
   - 딸아 너는 나의 보석이란다
   - 주님은 나의 최고봉

부모가 자녀에게 꼭 남겨주어야 하는 그것

좋은 습관을
심어주라

미국 텍사스 주 휴스턴 경찰국은 청소년 범죄자를 대상으로 조사하고 범죄 원인을 분석하여 자녀들이 범죄자가 되지 않도록 하기 위한 글을 발표하였다(45쪽 표 참조).

열 가지를 한마디로 정리하면 자녀를 그냥 마음대로 내버려두면 망치게 된다는 의미다. 우리 자녀들은 꽃이 가득한 정원과 같다. 정원은 잘 가꾸면 아름다운 꽃이 만발하지만 그냥 내버려두면 잡초가 무성한 불모지가 되어버린다. 특히 어린 시절에 좋은 습관을 길러주지 못하면 평생 후회하게 된다. 부모가 자녀에게 남겨주어야 할 것이 많겠지만 그중에 정말 중요한 것이 바로 습관이다. 우연한 성공이란 없다. 성공한 사람들의 공통점은 어떤 일을 하기 전에 이미 좋은 습관을 지니고 있다는 것이다.

> "인생의 모든 성공은 습관에 의해 결정된다."
>
> _ 하트실 윌슨

성공은 나쁜 습관보다 좋은 습관을 많이 가진 사람이 차지한다. 이것은 어쩌면 당연한 일이다. 만약 당신의 자녀가 성공적인 인생을 살길 원한다면 그냥 막연히 좋은 운이 나타나길 기다리지 말고 자녀가 어릴 때 좋은 습관을 기르도록 도와주어야 한다. "세 살 버릇 여든 간다"라는 말이 있다. 그만큼 습관과 버릇은 중요하다. 어릴 때 잘못된 습관을 가지면 나중에 아무리 고치려고 해도 잘 고쳐지지 않는다. 그래서 좋은 버릇은 어릴 때 부모에게서 배워야 한다. 습관은 처음에는 약한 거미줄 같지만 그 습관이 계속 되풀이되면 나중에는 쇠사슬처럼 강해진다.

나는 샌프란시스코에 여러 번 갔었다. 샌프란시스코의 첫 번째 관광코스는 거대한 금문교를 보는 것이다. 이 다리는 길이 2,825m, 너비 27m로 샌프란시스코 남북을 연결하는 현수교다. 금문교는 두 개의 주탑(主塔)을 세우고, 그 두 주탑 사이를 두 개의 큰 케이블로 연결하여 다리를 지탱하게 하였다. 이 케이블은 직경이 90cm이고,

자녀를 망치는 열 가지 비결

1. 아이가 갖고 싶어 하는 것은 무엇이든 다 주라. 그러면 아이는 세상의 모든 것이 다 자기 것이 될 수 있다고 오해하면서 자랄 것이다.
2. 아이가 나쁜 말을 쓸 때면 웃어넘기라. 그러면 자기가 재치 있는 줄 알고 더욱더 나쁜 말과 생각을 할 것이다.
3. 부모의 말을 듣지 않아도 크면 알아서 할 거라고 내버려두라. 그러면 그 자녀는 커서 부모 가슴에 못 박는 일을 주저하지 않고 하게 될 것이다.
4. 잘못된 행동도 애교로 봐주라. 그러면 그는 처음엔 신발을, 나중에는 자동차를 훔치다가 체포될 것이다.
5. 아이가 어질러놓은 침대, 옷, 신발 등을 모두 정돈해주라. 그러면 자기 책임을 다른 사람에게 전가해버리는 무책임한 사람이 될 것이다.
6. TV나 비디오를 마음대로 볼 수 있게 해주라. 머지않아 그 아이의 마음은 쓰레기통이 될 것이다.
7. 아이들 앞에서 부부나 가족이 싸우는 모습을 자주 보이라. 그러면 다음에 가정이 깨어져도 눈 하나 깜짝 안 할 것이다.
8. 먹고 싶다는 것은 다 먹이고, 마시고 싶다는 것도 다 마시게 하고, 좋다는 것은 다 해주라. 어떤 거절이라도 한 번만 당하면 곧 낭패에 빠지는 사람이 되리라.
9. 달라는 대로 거침없이 용돈을 주라. 그러면 그 아이는 멸망의 길을 금방 찾을 것이다.
10. 아이 앞에서 이웃 어른과 선생님을 자주 비난하라. 그러면 건전한 사회가 모두 그 아이의 적이 될 것이다.

그 케이블 안에는 27,572개의 가는 철사가 들어 있다. 매년 수백만 대의 차가 이 다리를 지나가도 끄떡하지 않는 엄청난 힘을 가지고 있는 이 거대한 케이블은 이렇게 가는 철사들이 모여 만들어진 것이다.

오늘 한 번 하는 하나의 작은 습관이 하나둘 쌓이면 엄청난 힘을 갖게 된다. 습관은 타고나는 것이 아니라 후천적으로 반복하여 생기는 것이다. 그래서 습관을 제2의 천성이라고 말한다. 습관은 처음에는 힘들어도 계속하면 나중에는 큰 힘을 들이지 않고도 쉽게 할 수 있게 된다. 거대한 기차가 처음 떠날 때는 조그마한 굄목에도 꼼짝하지 않는다. 그러나 기차가 굄목을 빼고 출발하기 시작하면 나중에는 그 어떤 것도 달리는 기차를 멈추게 할 수 없게 된다.

모든 사람에게는 습관이 있다. 그리고 그 습관에는 좋은 습관과 나쁜 습관이 있다. 좋은 습관은 좋은 결과를 낳고 나쁜 습관은 나쁜 결과를 낳게 되어 있다. 그래서 자녀가 어릴 때 좋은 습관을 갖게 해야 한다. 습관이라는 것은 처음에는 별것 아닌 것 같지만 나중에는 엄청난 힘을 가진다. 습관은 내가 만드는 것이다. 그러나 나중에는 습관이 나를 이끌어가게 된다. 내가 나이 들어 좋은 습관을 만들려고 하면 정말 어렵다. 그러나 어릴 때 부모가 만들어주면 너무 쉽게 형성된다. 부모는 자녀에게 장난감을 하나 더 사주기보다 좋은 습관을 몸에 익히게 해주어야 한다. 좋은 미래는 행운이 아니라 좋은 습관으로 만들어진다. 좋은 습관은 좋은 미래를 위한 도구이다.

부모가 자녀에게 꼭 남겨주어야 하는 그것

하루 중 가장 중요한 시간은 아침이다.

아침에 하는 생각은 그날의 행동을 결정하게 된다.

일 년 중 가장 중요한 절기는 봄이다,

봄에 씨를 뿌린 자는 가을의 수확을 결정하게 된다.

인생 중 가장 중요한 시절은 어린 시절이다.

어린 시절에 만든 습관이 그 사람의 인생을 결정하게 된다.

어린 시절은 그냥 노는 시기가 아니고 준비하는 시기이다. 그 준비는 뭐 거창한 것이 아니다. 아주 사소한 것을 좀 지혜롭게 준비하는 것일 뿐이다. 당신 자녀들의 어린 시절은 쉬이 지나간다. 그냥 내버려두면 안 된다. 부모인 당신이 꼭 만들어주어야 하는 습관이 있다. 이제 그 습관에 대해 좀 더 구체적으로 살펴보자.

나를 잡아 길들이고 훈련하고 단호하게 통제하면

나는 당신의 발밑에 이 세상을 바칠 것이다.

그렇지 않으면 내가 당신을 파괴할 것이다.

나는 누구인가?

나는 습관이다.

일상에서
가장 기본적인
습관을 가르치라

내가 어느 교회 집회에 갔는데 그곳 담임목사님이 자기 교회 청년들과 한 시간만 만나달라고 하였다. 그 교회 청년들이 원한다는 것이다. 그래서 점심식사 후에 청년들을 만났다. 만나자 마자 한 청년이 질문했다.

"목사님, 결혼 전에 무엇을 준비해야 합니까? 가장 중요한 것이 무엇입니까?"

나는 당황스러웠지만 침착하게 대답해주었다. 그들에게 제일 중요한 것은 바로 "일찍 자고 일찍 일어나는 것"이라고. 그러자 청년들이 막 웃었다. "새 나라의 어린이는 일찍 일어납니다"라는 노래가

부모가 자녀에게 꼭 남겨주어야 하는 그것

생각났나 보다.

두 번째로 무엇이 중요하냐고 물었다. 나는 지체하지 않고 "손발을 잘 씻고 양치 잘하는 것"이라고 대답했다. 또 막 웃었다. 너무 의외의 대답이라는 반응이었다.

그런데 신혼부부를 만나보면 라이프 스타일이 달라서 같이 살기 어렵다고 호소하는 사람이 많다. 남편이 아내가 잠잘 때는 늦게까지 불 켜놓고 일하고, 다음 날 아내가 일어났을 때는 늦게까지 잠자는 것이다. 이런 일이 한두 번 되풀이되면 있던 사랑도 식고 서로 멀어지게 된다. 같이 잠자고 아침 일찍 같이 일어나 새로운 하루를 함께 시작하면 활력이 생기고 신이 날 것이다.

또 어떤 아내는 자기 남편이 발을 씻지 않고 이불로 들어와서 더러워서 같이 못 살겠다고 말한다. 이것은 웃을 일이 아니다. 많은 남자가 집에 들어오면 손발도 씻지 않고 부엌으로 와서 무엇을 먹으려고만 한다. 밖에 나갔다 집에 오면 손발을 씻는 것이 버릇이 되어야 한다. 잘 씻지 않는 습관은 부부생활에도 큰 문제를 일으킨다.

나는 어린 시절에 식사시간을 철저히 지키는 가정에서 자랐다. 아침은 7시에 먹고, 점심은 12시에 먹고, 저녁은 오후 6시에 먹었다. 아버지가 철저한 분이셔서 우리 가족은 다 제시간에 식사를 했다. 그런데 결혼해서 보니 나의 아내는 저녁을 밤 8시에 주는 것이었다. 처음에는 좀 늦었나보다 했다. 그런데 계속 그랬다. 왜 그런가

보니 장인어른이 조그마한 가게를 하시는데 가게 문을 닫고 집에 들어오시면 밤 8시쯤 되었다. 그러면 그때 식사를 하시는 것이었다. 나는 장인어른 집에 들어가 사는 데릴사위였다. 그러니 내가 처가댁에 맞추어 살아야 했다.

미국에서의 유학생활을 마치고 한국으로 돌아와서는 처가 부모님을 모시고 살게 되었다. 그때는 아내가 집안 살림을 도맡아서 했다. 아내가 가정생활을 주도적으로 하게 되자, 아내는 나에게 맞추어서 오후 6시가 되면 저녁식사를 했다. 이처럼 일상에서 기본적인 습관은 매우 중요하다.

자기 방을 자기가 정리하는 것도 아주 중요한 기본 습관에 해당한다. 아이들이 자기 방과 자기 책상을 정리하는 일은 스스로 하게 해야 한다. 절대로 부모가 해주어서는 안 된다. 물론 예외는 있겠지만 대부분은 자기 방을 스스로 정리하게 해야 한다. 밥을 먹고 난 뒤자기 그릇은 직접 주방에 갖다 놓게 하고 설거지도 하게 해야 한다. 음식을 먹은 후 치우는 일은 아주 기본적인 습관이다. 남자아이는 더더욱 설거지를 하게 하고 청소기로 거실과 방을 청소하게 해야 한다. 대접받는 아이가 아니라 남을 돕는 자로 살게 하는 것이 아주 좋은 기본적인 습관이다.

인사하는 습관도 가장 기본적인 습관에 해당한다. 인사는 상대방을 호의적으로 대하는 습관이다. 인사를 잘하는 사람은 모든 사람이 좋아한다. 이것이 몸에 배지 않아 주변 사람들에게 미움받는 사람도 의외로 많다. 그것은 부모의 잘못이다. 어릴 때부터 상대방을 귀히 여기는 인사는 윗사람에게 사랑받게 하고 친구들이 호감을 느끼게 하며 아랫사람에게 존경을 받게 하는 첫걸음이다. 인사는 돈도 들지 않고 순식간에 상대방의 마음을 얻게 하는 가장 기본적인 습관에 해당한다.

자기 주도적 공부 습관이 성공의 척도다

공부를 못하는 사람에게는 공부를 뒤로 미루는 습관이 있다. 이것을 고치지 못하는 사람은 평생 열등생으로 산다. 공부는 머리가 아니라 습관의 문제이다. 부모가 자녀에게 물려줄 습관 중의 하나는 자기 주도적 학습을 하게 하는 것이다. 자녀는 평생 공부와 싸워야 한다. 좋은 학원을 보내는 것보다, 좋은 과외 선생을 붙여주는 것보다 중요한 것은 자기 스스로 공부하게 하는 버릇을 물려주는 일이다.

우리 가족은 한 달에 한 번 북 헌팅을 간다. 나는 아이들을 학원에 보내거나 과외는 시키지 않지만 책은 마음껏 사보게 한다. 그래서 매달 한 번은 가까운 서점에 간다. 언젠가 우리 막내가 나에게 중국어 초급 CD와 책을 사달라고 하였다. 혼자 중국어 공부를 하겠다는 것이다.

몇 달이 지나고 또다시 중국어 중급 책과 CD를 사달라고 하였다. 혼자 듣고 혼자 공부하는 것이다. 이런 식으로 혼자 공부하여 지금은 5개국의 언어를 한다. 영어, 중국어, 스페인어, 라틴어, 한국어. 이런 말을 들으면 그것이 가능한가 하며 의구심을 갖는 사람도 있을 것이다. 왜냐하면 우리는 외국어를 공부하려면 학원에 가서 배워야 한다고 생각하기 때문이다.

자기 주도적 학습을 하는 아이는 어떤 공부든지 책만 있으면 스스로 할 수 있다. 물론 처음에는 어렵겠지만 자기 스스로 공부하는 법을 터득하면 가능해진다. 처음에는 혼자 힘으로 공부하는 것이 힘들고 느리게 가는 것처럼 느껴지지만 나중에는 어떤 책이든지 혼자 읽고 따라갈 수 있게 된다. 사람이 리더로 살려면 평생 공부해야 한다. 남들이 억지로 가르쳐주기보다 나 스스로 깨우쳐야 한다. 유대인들은 자녀에게 물고기를 주기보다 물고기 잡는 법을 가르쳐주라고 말한다. 우리도 우리 자녀가 스스로 공부하는 법을 터득하도록 도와주어야 한다. 내 이웃집 아이와 비교하지 말고 늦은 것 같아도 혼자 터득하도록 기다려주고 인내해야 한다.

우리 첫째 아들은 수학 문제 하나를 가지고 온 종일 끙끙거리며 공부한 적도 있다. 그러나 나중에는 6개월 만에 초등학교 5학년 수학을 다 풀었다. 그 아이가 나에게 이런 말을 하였다.

"아빠, 수학이 이렇게 쉬운 거였어요? 저는 언제나 수학이 어렵다고 생각했는데 직접 해보니 참 쉬워요."

많은 부모가 착각하는 것은 자녀를 학원에만 보내면 공부를 다 잘하는 줄 안다. 그런데 아니다. 자기 스스로 고민하고 깨닫지 못하면 선생님이 가르쳐준 것은 쉽게 다 잊어버리고 만다. 사람은 자기가 스스로 고민하고 깨달은 것만 머리에 남는다.

그렇기에 당신의 자녀가 스스로 공부하게 해야 한다. 스스로 고민하게 만들어야 한다. 스스로 질문하게 해야 한다. 스스로 답을 찾도록 만들어야 한다. 정말 답을 몰라 갈등할 때 조금만 힌트를 주는 것으로 끝내는 게 좋다. 목마른 아이가 물을 마신다. 물을 마실 마음도 없는 아이에게 물을 먹이는 것은 정말 어리석은 짓이다. 그것은 시간 낭비이며 자원 낭비이다. 물론 처음에는 느릴 것이다. 괜찮다. 느긋하게 기다려라. 자기 주도적 학습이란 자기 혼자 스스로 공부하는 능력을 말한다.

우리 가정은 방학이 되면 아이들과 함께 하루 일과표를 짠다. 그리고 자신이 짠 그 일과표대로 하루를 지내게 한다. 누가 보든지 안 보든지 자기 스스로 정한 스케줄을 따라 살게 하는 것이다. 이것은 훈련이다. 자기 스스로 자신이 정한 스케줄에 따라 사는 훈련이 되지 않은 사람은 대학생이 되어도 하루라는 소중한 시간을 마치 더러운 물을 하수구에 버리듯 마구 낭비하게 된다.

당신의 자녀에게 하루라는 시간을 마음대로 쓰라고 해보라. 온종일 게임을 하거나 빈둥빈둥 누워서 TV를 보거나 잠자기만 하는 아이는 이미 큰 인물이 되기 어려운 아이다. 나는 우리 아이들에게 "게임에 빠지는 아이는 이미 인생 게임이 끝난 사람이다"라고 가르친다. 게임에 빠지는 아이는 절대로 이기는 인생을 살 수 없다. 시간이 주어지면 무엇인가 발전적인 것을 해야 한다. 빈 시간에 스스로 공부하는 습관을 지닌 아이는 이미 이긴 인생을 사는 것이다.

여기서 한 가지 팁을 소개한다면 일반적인 독서와 학교 교과서 공부는 조금 구별하는 것이 좋다. 일반적인 독서는 그냥 한 번 읽고 넘어가면 되지만 학교 교과서는 한 번 읽고 넘어가면 그냥 평범한 아이가 되고 만다. 뛰어난 우수생이 되려면 7번까지 보아야 한다. 평범한 아이는 시험을 칠 때 한 번 정도 보고 시험을 치고, 우수한 학생은 6번까지 보고, 뛰어난 우수생은 6번 본 것을 다 잊어버린 후 다시 한번 더 보아 7번 보고 난 뒤 시험을 친다. 그 아이가 최우수생이 된다. 성경에서 7이라는 숫자는 완전수이다. 당신의 자녀가 공부를 잘하길 원한다면 7번 되풀이해서 보게 하라. 사람은 되풀이하여 보는 것을 지루해하기 때문에 좀처럼 되풀이하려고 하지 않는다. 그러나 이 되풀이하는 능력이 바로 학교 공부의 실력이 된다.

자투리 시간을
활용하는
독서 습관을 들이라

공부 습관 중에 가장 큰 부분이 바로 독서 습관이다. 어릴 때 독서 습관이 형성된 아이는 자투리 시간을 낭비하지 않고 독서를 한다. 우리 부부는 자녀들과 함께 중요한 사람들을 만나러 나갈 때가 잦다. 그때 절대로 빈손으로 가지 않게 한다. 꼭 책을 들고 가서 옆에서 읽게 한다. 무슨 일이 있어도 책을 손에서 놓지 않도록 가르친다. 많은 부모가 자투리 시간에 게임을 하게 하고 스마트폰을 허용한다. 이것은 자녀를 그냥 평범한 아이로 만드는 것이다. 당신 자녀를 비범한 아이로 키우기 원하면 독서가 몸에 배도록 해야 한다.

이런 말이 있다. "Reader is Leader"(책을 읽는 자가 리더이다). 명심하라! 책을 읽는 사람이 바로 지도자이고, 지도자는 바로 책을 읽는 사람이다. 큰 인물들의 공통점 중의 하나가 독서 습관을 가지고 있다는 것이다. 배우지 않고 저절로 큰 인물이 될 수는 없다. 책 한 권 읽은 사람보다 두 권 읽은 사람이 낫고, 두 권 읽은 사람보다 열 권 읽은 사람이 낫다. 당신의 자녀를 게임과 가까이하게 하지 말고 책과 가까이하게 하라.

어떤 부모는 독서 습관을 길러주라고 하면 그냥 집안에 책을 많이 갖다 놓으면 되는 줄로 안다. 아이에게 책 읽는 습관을 길러주려면 책을 읽으라고 말한다고 되는 것이 아니라 부모가 모범을 보여야 한다. 부모가 매일 TV 드라마만 보면서 아이에게 책을 읽으라고 한다면 그 자녀는 책 읽는 아이가 될 수 없다. 부모가 자녀와 함께 '리딩 타임'을 통해 읽은 책 내용을 서로 나누는 시간을 가지면 아이는 저절로 독서하게 된다. 당신의 자녀가 책을 읽는 사람이 되게 하려면 당신이 먼저 책을 읽는 자가 되어야 한다. 부모가 도서관에 가는 것을 보고, 부모가 책을 사는 것을 보고, 부모가 자주 책 읽는 모습을 보고 자란 아이가 저절로 책을 읽는 아이가 된다.

책은 닥치는 대로, 눈에 보이는 대로, 아무 책이나 다 읽게 하면 안 된다. 자칫 잘못하여 잔인한 책이나 음란한 책, 냉소적인 책을 접하여 그 맛을 들이면 정말 엄청난 정서적인 절름발이가 되고 소중한 시간을 낭비하게 된다. 내가 중학교 다닐 때 엄청난 양의 책을 읽는 친구가 있었다. 그런데 나는 그 친구가 읽는 책을 보고 실망하였다. 그가 읽는 책이 대부분 연애소설이었기 때문이다. 지금쯤 그 친구는 어떤 사람이 되었는지 궁금하다. 아무 책이나 읽게 하면 안 된다. 아이가 읽고 있는 책이 그 아이의 인생을 끌고 가기 때문이다.

그래서 부모는 좋은 책을 잘 골라서 읽게 해야 한다. 아이가 어릴 때는 같이 책을 읽어주고 아이가 점점 커감에 따라 양서를 선택하여 스스로 읽게 해야 한다. 좋은 동화책, 어린이 성경책, 이솝 우화, 위인전, 세계 명작, 한국 명작 등. 책을 읽은 후에는 반드시 A4 용지 한 장에 읽은 책을 정리하게 하고 느낀 점을 쓰게 해야 한다. 이것이 '독서 보고서' 이다. 그리고 그 쓴 내용을 부모와 함께 나누는 시간을 갖는 것이 좋다. 책만 읽으면 되지 뭐 그렇게 불편하게 하느냐고 말하는 사람도 있지만 이 시간이 곧 마법의 시간이다.

토핑 타임은 양적인 축적이
질적인 변환을 초래하는 마법의 시간이다.

음식을 만들면 마지막 토핑을 무엇을 하느냐에 따라 음식 맛이 완전히 달라진다. 당신의 아이가 책을 읽는 것으로 그냥 끝내면 평범한 아이가 되고 애벌레에서 나비가 되는 기적은 경험하지 못한다. 그러나 구슬이 서 말이라도 꿰어야 보배가 되듯이 당신의 자녀가 책을 읽었을 때 증거물을 남기게 하고 같이 토론한다면 큰 인물로 자랄 것이고, 또 독서에도 더 큰 흥미를 가지게 될 것이다.

좋은 소설을 읽었으면 그 소설에 대해 충분히 나누고 나중에 너도 소설을 써보라고 하면 책을 읽는 데 굉장한 흥미를 가지게 된다. 만약 좋은 시를 읽었으면 너도 시를 써보라고 하면 제법 놀라운 시를 쓰게 된다. 또한 독서 기록 노트를 만들어주어 평생 자신이 읽은 책 제목과 독후감을 모으게 하면, 점점 그 노트가 많아짐에 따라 독서에 대한 자부심과 함께 독서를 통한 행복이 넘치게 될 것이다. 어린 시절에 독서 습관이 몸에 밴 아이는 꾸준히 책을 읽는 리더로 성장하게 될 것이다.

나는 해외에 갈 때 가끔 내 옆에 있는 사람들을 관찰한다. 열 시간이 넘도록 비행기를 타고 가는데 무엇을 하는지 보면 그 사람이 어떤 사람인지 알 수 있다. 열 시간이 넘도록 계속 영화를 보는 이가 있는가 하면, 끝없이 자는 사람도 있고, 계속 거울을 보며 얼굴을 관리하는 이, 책을 읽는 이도 있다. 당신은 어떤 사람인가? 똑같이 주어진 시간을 어떻게 사용하느냐가 그 사람의 능력이다. 나는 비행기를 탈 때 남에게 방해를 주지 않는 범위에서 책을 읽는다. 물론 영화도 가끔 본다. 그러나 많은 시간 독서를 하면서 시간을 활용한다.

리더(Reader)는 남이 만들어주는 것이 아니다.

내가 스스로 독서하지 않으면

결코 좋은 리더(Leader)가 될 수 없다.

독서를 단순한 오락이나 시간을 때우는 것이 아니라 삶의 일부가 되게 가르치고, 또 몸에 배도록 습관을 들여야 한다.

부모가 자녀에게 꼭 남겨주어야 하는 그것

또 다른 뇌를 활용하는 메모 습관

책 읽는 습관 못지않게 메모하는 습관도 아주 중요하다. 나는 어디를 가도 볼펜과 메모지를 항상 들고 다닌다. 그만큼 메모하는 게 습관이 되었다. 사람은 망각의 동물이라고 말한다. 메모하는 습관은 아주 사소한 일 같지만 우리 삶을 풍요롭게 해준다. 현대인들은 대부분 보고 듣고 말하면서 수많은 정보를 받아들인다. 하지만 '쓰기'는 부족하다. 메모하지 않으면 수많은 정보를 받아들여도 손에 잡은 물이 빠져 나가듯이 다 사라져버린다.

메모는 어려운 일이 아니다. 그때그때 떠오르는 생각을 적고, 누구를 만났을 때 좋은 말이나 아이디어를 적는 것이다. 누구를 만나러 가기 전에는 그 사람을 만나면 무엇을 질문할 것인지 준비하게 한다. 또 그 사람을 통해 얻는 지식을 기록하게 한다.

메모한다는 것은 배우는 자로 산다는 것이다. 「퍼스트 클래스 승객은 펜을 빌리지 않는다」라는 책이 있다. 퍼스트 클래스를 타는 사람은 이미 사회적으로 성공한 사람이다. 이 책을 쓴 미즈키 아키코는 16년간 퍼스트 클래스에서 승무원으로 일했는데, 그는 이코노미 클래스를 타는 사람과 퍼스트 클래스를 타는 사람의 차이는 별것 아닌 볼펜 하나에 있다고 말한다. 이코노미 클래스를 탄 사람은 입국신고서를 쓸 때 볼펜을 빌린다는 것이다. 그러나 퍼스트 클래스를 탄 사람은 볼펜을 빌리는 사람이 단 한 명도 없었다고 한다. 그만큼 성공한 사람은 펜을 들고 다니면서 메모하는 습관이 있다는 것이다. 아주 작은 차이다. 그 작은 차이가 성공과 실패를 좌우한다.

작지만 남다른 습관이 큰 성공을 불러온다. 이 습관은 누구나 금방 따라할 수 있는 것이지만 계속 실천하는 사람은 매우 적다. 좋은 아이디어, 좋은 말, 좋은 예화, 좋은 유머, 좋은 해결책은 우리 주위에 가득 던져진다. 그때 지나치면 내 것이 안 되고, 그때 그것을 적어두면 내 것이 된다. 내 머리의 영리함을 믿지 말고 기록해야 한다. 기록이 영리함을 이긴다. 내가 처음 낸 책 「십대를 위한 수필」은 메모 습관으로 만들어진 책이다. 대학원 수업시간에 교수님들이 인생에 대한 좋은 충고를 할 때 내 마음에 와닿으면 노트 제일 뒷장에 적어두었다. 그런 말들에 자극을 받아 좋은 책을 쓰게 된 것이다.

누군가와 대화할 때 메모를 하면 상대방도 좋아한다. 집중해서 경청하는데 좋아하지 않을 사람이 없다. 우리 인생에는 좋은 아이디어가 수없이 스쳐 지나간다. 나는 영화를 보다가도 좋은 대화가 나오면 그 캄캄한 자리에서도 빈 노트를 꺼내어 적는다. 아내와 대화를 하다가도 아내가 좋은 말을 하면 "잠깐, 다시 한번 말해 봐요" 하며 그 말을 적어 놓는다.

나는 일주일에 서너 번은 산에 가는데 그때 꼭 가져가는 필수품이 메모지와 볼펜이다. 산을 오르다 보면 좋은 말들이 위에서부터 쏟아진다. 나의 설교는 대부분 산을 오르다가 위로부터 쏟아지는 말씀에서 영감을 받는다. 이것은 신비한 일이 아니다. 사람은 누구나 위로부터 오는 영감이 있다. 아인슈타인은 생각 의자에 앉아 하루 2~3시간을 생각에 잠겼다고 한다.

당신의 자녀를 리더가 되도록 키우려면 메모가 습관이 되게 가르쳐야 한다. 오늘 밤 잠자기 전에 내일 할 일을 잠깐 메모하는 습관도 내일을 더 알차게 만들어준다. 당신의 아이가 머리를 믿게 하지 말고 메모하게 하라. 누군가의 강의를 들을 때면 꼭 메모를 하라. 나는 우리 교회에 강사님이 오면 제일 앞자리에 앉아 강의를 경청하고 메모한다. 그것은 그분을 향한 예의이기도 하고, 또 나 자신을 위해 좋은 말들을 간직하고 싶은 마음이기도 하다. 많은 분이 내가 제일 앞자리에 앉아서 메모하는 것이 인상적이었다고 말한다. 우리 교회에 온 강사들이 나를 좋아하는 이유는 내가 그분들의 강의에 집중하고 메모하기 때문이다. 이것은 강사들의 마음을 붙잡는 비결이다. 당신의 자녀가 누구를 만날 때면 꼭 메모를 하도록 하라. 좋은 평판은 돈으로도 살 수 없는 귀한 자산이다.

얼마 전에 우리 교회 교인 30여 명과 함께 터키 성지순례를 다녀왔다. 성지순례를 떠나기 전에 제일 먼저 준비하는 것은 여행하는 동안 손쉽게 적을 수 있는 노트를 사는 일이었다. 주머니에 쉽게 들어갈 수 있게 손바닥보다 조금 큰 노트를 샀다. 성지를 순례하는 동안 가는 곳마다 가이드가 하는 말을 준비해둔 작은 노트를 꺼내 빠짐없이 메모하였다. 메모할 때는 단순히 가이드의 말만 적는 것이 아니라 그림도 그리고, 지도도 그렸다. 너무 많은 정보가 쏟아지기에 그냥 듣고 지나가기엔 너무 아까운 내용들이었다.

메모할 때는 오른쪽 면에 메모하고, 왼쪽 면엔 그림을 그리거나 내 생각을 적어 놓기도 하며, 또 연구해야 할 숙제를 적기도 한다. 그래야 다시 노트를 꺼내 볼 때 내가 찾고자 하는 내용을 쉽게 찾을 수 있고, 도전이 되었던 말도 금방 찾을 수 있다. 성지를 순례하는 동안 노트에 메모하는 재미가 쏠쏠했다. 저녁이 되면 온종일 메모한 것을 보고 성경도 찾아보며 노트에 첨가할 것도 적어 놓았다. 모든 여행을 마친 후에는 이렇게 10일 동안 메모한 것을 보면서 가족들과 성지 순례에서 얻은 지식을 나누면서 행복해하였다. 우리 아이들은 내가 그린 그림을 보고 웃고 즐거워했다. 왜냐하면 내 그림 솜씨가 초딩 수준이기 때문이다.

메모를 잘하려면 어디에나 메모할 수 있는 도구를 챙겨두어야 한다.
- 가방에는 메모지와 볼펜을 항상 챙겨 둔다.
- 어디 나갈 때는 지갑과 함께 메모지와 볼펜을 꼭 가지고 간다.
- 바지나 재킷에 메모지를 넣어둔다.
- 잠자는 침상 옆에 언제나 메모지와 볼펜을 챙겨둔다.

메모는 24시간 언제 어디서나 할 수 있도록 환경을 정돈해두는 것이 기본이다. 메모는 성격에 맞지 않는다고 말하지 말라. 메모는 또 다른 뇌이다. 뇌를 하나 가진 사람보다 여러 개의 뇌를 가진 사람이 뛰어난 인생을 사는 것은 당연한 일이다.

보약보다
운동하는 습관을
물려주라

부모는 자녀에게 몸을 건강하게 하는 운동 습관을 익혀주어야 한다.
나는 밖에서 일하고 집에 돌아오면 두 아들에게 제일 먼저 오늘 팔
굽혀 펴기를 했는지 윗몸 일으키기를 했는지 물어본다. 만약 하지
않았다면 그 자리에서 같이한다. 처음에는 팔 굽혀 펴기를 열 개도
못 하던 아들이 이제 삼십 개는 거뜬히 한다.

나는 작게 태어나 늘 몸이 약했다. 어릴 때는 감기를 달고 살았다.
그래서 특히 건강에 관심이 많다. 초등학교에 다닐 때는 매일 아침
학교 운동장을 다섯 바퀴씩 돌았다. 나는 부모를 떠나 대학을 다닐
때도, 신대원에 다닐 때도 아침에 일어나면 매일 가까운 학교 운동

부모가 자녀에게 꼭 남겨주어야 하는 그것

장을 돌았다. 나는 운동하는 습관이 몸에 배어 있다. 요즘에는 집 뒤에 있는 산에 매일 올라간다. 비가 와도 간다. 산에 오르지 않으면 무엇인가 중요한 일을 빼먹은 것 같다.

당신의 몸이 약한가? 이런 말이 있다. "걸으면 살고 누우면 죽는다." 이렇게 운동하는 버릇은 어릴 때 몸에 배야 한다. 나이 들어 운동하려고 하면 귀찮아진다. 어린 시절 운동이 몸에 배어 있지 않은 아내들은 남편들이 운동하러 가자고 하면 무슨 핑계를 대서라도 가지 않으려 한다. 그래서 어린 시절 습관이 중요하다. 요즘 아이들의 몸이 비대해지는 것은 대부분 부모 책임이다. 우리 딸은 매일 하루 20분씩 줄넘기를 한다. 처음에는 5분도 못하였다. 이제는 줄넘기를 20분 하고도 큰 운동장을 몇 바퀴씩 돈다.

자녀에게 운동하는 습관을 물려주는 것은 부모가 자녀에게 건강이라는 선물을 주는 것이다. 자녀에게 좋은 약을 사주기보다 운동하는 습관을 물려주라. 그것이 최고의 약이다. 건강은 건강할 때 지켜야 한다. 나중에 나이 들어 건강을 지키려고 하면 이미 늦은 것이다.

건강에 도움을 주는 것은 운동 못지않게 음식도 중요하다. 음식은 할 수만 있다면 인스턴트를 피하고 살아 있는 음식을 먹도록 해야 한다. 살아 있는 음식이라고 하면 과일이나 채소, 그리고 신선한 음식을 말한다. 이왕이면 유기농이면 더 좋다. 나는 우리 아이들에게 아이스크림, 캔디, 초콜릿, 피자, 껌, 콜라, 라면 등 인스턴트 음식을 거의 먹이지 않았다. 어릴 때부터 인스턴트보다는 자연적인 것들을 먹게 하였다. 간식은 고구마, 감자, 옥수수, 과일 등. 그렇다고 아이스크림을 절대 못 먹게 하는 것은 아니다. 한 달에 한 번쯤 아내가 아이들을 데리고 이발하러 가면 우리 막내가 나에게 전화한다. 지금 엄마와 함께 아이스크림을 먹고 있다고. 나는 씩 웃어넘긴다.

가끔은 아내가 주도적으로 야밤에 라면을 먹자고 아이들을 선동한다. 우리 집에서는 아내가 나의 원칙을 깨는 스펀지 역할을 한다. 그래서 나와 아내가 조화를 이루어 화목한 가정이 되나 보다. 나는 "하나님이 주신 몸을 인스턴트로 망치게 할 수는 없다"라고 말한다. 좋은 음식을 먹는 습관은 건강에 아주 중요하다. 좋은 음식을 먹는 것이 보약이고 만병통치약이다. 신선한 야채를 먹는 습관은 어릴 때부터 가져야 한다. 나이가 들어 야채를 먹으려면 어렵다. 어릴 때부터 야채를 먹는 습관을 들여야 한다. 우리 아이들은 건강식을 먹고 커서 그런지 다들 건강하다.

요즘은 살과의 전쟁을 하는 사람이 점점 늘고 있다. 여기저기 다이어트하는 사람이 많다. 다이어트가 중요한 것이 아니라 건강한 음식을 먹는 것이 중요하다. 가능하다면 기름으로 튀긴 음식을 먹는 것은 삼가야 한다. 물론 튀긴 것이 맛은 좋지만 건강에는 나쁘다는 것을 알아야 한다.

부모가 자녀에게 꼭 남겨주어야 하는 그것

상황이
문제가 아니라
생각이 중요하다

사람의 마음은 밭과 같다. 그냥 내버려두면 온갖 씨앗이 다 날아와서 싹을 내고 자란다. 나중에는 잡초 밭이 되고 만다. 좋은 밭이 되려면 반드시 잡초들을 뽑아내고 가꾸어주어야 한다. 마찬가지로 사람의 마음을 아무렇게나 그냥 내버려두면 냉소적이고 비판적이며 부정적으로 된다. 세상 자체가 부정적인 씨앗을 심어준다. 그래서 우리는 의도적으로 긍정적인 마음을 갖는 습관을 길러야 한다.

긍정적인 마음을 가진 사람은 누구나 좋아하고 어디에 가나 리더로 서게 된다. 비판적이고 부정적인 사람은 아무 도전도 하지 않고 늘 피해자로 살고 패배자로 산다. 어릴 때부터 도전하게 하고, 할 수 있다는 자신감을 가지고 살아가게 해야 한다. 어떤 자매는 자기 남편이 매사에 냉소적이고 부정적이어서 자녀들까지도 모두 인생을 부정적으로 살게 만들었다고 남편과 헤어지고 싶은 마음이 간절하다고 하소연한다. 부모가 부정적인 사람이면 자녀에게 부정적인 습관을 물려주게 된다. 이것은 부모가 자녀에게 물려주는 최악의 저주이다. 혹시 이 책을 읽는 독자 중에 자신이 부정적인 사람이라면 자신을 먼저 바꾸어야 한다. 자신을 위해서도 그렇고 자녀를 위해서도 더더욱 긍정적인 사람이 되어야 한다.

세계적인 리더십 강사인 존 맥스웰은 자기 부모가 주위 사람을 향해 늘 긍정적으로 말하는 것을 보고 자랐고, 남을 비판하거나 욕하는 것을 들은 적이 없었다고 한다. 그래서 자기도 긍정적인 습관을 배워 세계적인 리더십 강사가 되었다고 말한다. 자녀는 부모가 해주는 좋은 말을 통해 배우지 않고 부모의 모습을 보고 배운다. 어떤 사물을 보아도 긍정적인 습관을 가진 사람은 좋은 점을 보고 "할 수 있다"라고 말하지만 부정적인 습관을 가진 사람은 나쁜 점을 바라보고 "할 수 없다"라고 말한다.

똑같은 물을 먹어도 독사가 먹으면 독이 되고 소가 먹으면 우유가 된다. 똑같은 상황이 어떤 이에게는 독이 되고 어떤 이에게는 약이 된다. 상황이 문제가 아니라 생각의 차이다. 남을 비판하고 부정적으로 말하는 사람은 모든 책임을 남에게 넘기고 자신은 아무 책임도 지지 않는 무책임한 사람이 되며 자신이 할 수 있는 것을 시도하지 않는 냉소적인 인간이 된다.

불평하는 아이들은 늘 세상이 불공평하다고 말한다. 맞는 말이다. 정말 세상은 절대로 공평하지 않다. 부잣집에서 태어나는 아이가 있고 가난한 집에서 태어나는 아이도 있다. 태어날 때 머리가 좋은 사람이 있고 머리가 좀 둔한 사람도 있다. 용모가 **빼어난** 사람이 있고 그냥 평범하게 생긴 사람도 있다. 그 자체가 이미 불공평한 것이다. 이 불공평한 세상에서 뛰어난 인생을 살려면 인생이 불공평하다고 불평만 할 것이 아니라 내가 긍정적인 마음으로 그 불평을 뛰어넘어야 한다. 당신 자녀에게 "인생은 불공평하니 원망이나 하며 살라"고 가르치지 말고 "인생은 모든 사람에게 불공평하니 긍정적인 눈으로 보고 긍정으로 부정을 이겨야 한다"라고 가르치라. 매사에 긍정을 가르치는 것이 당신의 자녀를 이 시대가 필요로 하는 좋은 리더로 키우는 것이다.

한 아이가 태어나서 성인이 되기까지 수많은 부정적인 일을 만나게 된다. 밤새워 공부하며 최선을 다했는데 성적이 잘 나오지 않을 때가 있다. 시험 치기 직전에 교통사고를 당해 시험을 아예 못 칠 수도 있다. 학교에서 태권도를 제일 잘하는데 친구가 학교 대표로 뽑힐 수도 있다. 동생이 나에게 덤벼서 때려 주었는데 부모는 나에게만 야단을 칠 수도 있다. 대학 시험에 합격하여 좋은 대학에 진학하게 되었는데 부모의 사업이 부도나서 학비를 낼 수 없어 대학을 못 갈 수도 있다. 이런 일을 당할 때 당신은 아이를 어떻게 가르치겠는가? 인생에는 수많은 억울한 일이 있고 부당한 일이 있으며 불공평한 일이 기다리고 있다. 인생은 절대로 공평하지 않다.

어린아이는 유아 시절에 수없이 많이 넘어지면서 걸음마를 배운다. 약 2천 번 정도 넘어져야 완전하게 걸을 수 있다고 한다. 넘어진 아이에게 부모가 너는 다시 일어날 수 있다고 말하는 것이 중요하다. 넘어졌을 때 아이를 야단치고 옷이 더러워진 것을 꾸중하면 아이는 부정적인 아이로 자란다. 아이가 어려움을 당할 때 부모의 말은 그 아이의 인생을 결정하는 중요한 시각을 가지게 한다. 인생의 승부는 자기 자신과의 싸움에서 결정된다. 조그마한 어려움에 "못한다" "안 된다" "죽고 싶다" "끝이다"라고 말하는 자는 이미 패배자의 인생을 사는 것이다. 아무리 큰 어려움을 만나도 "나는 다시 할 수 있다" "이번 일은 좋은 약이 되었다"라고 하며 다시 일어나는 긍정적인 사람이라면 그 사람은 반드시 성공하는 인생을 살게 된다.

세상에서 가장 무서운 적은 바로 자기 안에 있다. 검은색 안경을 끼고 세상을 보면 온 세상이 다 검게 보이고 붉은색 안경을 끼면 온 세상이 붉게 보인다. 내 눈에 긍정의 안경을 써야 한다. 그 사람에게는 모든 시간이 다 기회이고 모든 환경이 다 성공을 향한 디딤돌이 된다. 당신의 아이가 억울한 일을 당하였는가? 당신의 아이가 부당

부모가 자녀에게 꼭 남겨주어야 하는 그것

한 대우를 받았는가? 같이 분노하지 말고 이것이 바로 감옥에서 총리로 가는 최고의 기회라고 말하라.

나는 우리 아이들에게 요셉 이야기를 자주 한다. 요셉이 보디발의 아내로 인해 누명을 쓰고 억울하게 감옥에 들어갔을 때 인생의 모든 것이 끝난 것같이 보였지만, 하나님은 요셉이 바로 왕을 만날 수 있는 인맥을 만드셔서 그 감옥에서 만난 술 관원장을 통해 바로 왕을 만나게 되었다. 우리 인생은 내일 일을 모르는 미스터리로 가득 차 있다. 지금 억울하다고 원망하지 말고 기쁘게 자기 갈 길을 계속 걸어가라. 때가 되면 진실은 드러나고, 때가 되면 부당한 대우로 인해 오히려 더 좋은 길로 인도받게 될 것이다. 중요한 것은 억울한 일을 당했을 때 내가 스스로 망가지지 않는 것이다.

나는 우리 아이들에게 수많은 격려를 한다. 무엇을 해도 예수님이 함께하시니 할 수 있다고 말한다. 그래서 우리 아이들은 무척 도전적이고 긍정적이다. 참 좋은 아이들이다. 감사할 뿐이다.

긍정은 한 번밖에 살지 않는 인생을
최대한 유용하게 하고
부정은 한 번밖에 살지 않는 인생을
최고로 초라하게 만든다.

긍정은 밝은 면을 보는 것이고 부정은 어두운 면만 보는 것이다. 무엇을 보든지 긍정을 보는 아이가 부정을 보는 아이보다 성공할 확률이 훨씬 높다. 긍정이 습관이 된 사람은 인생을 사는 것 자체가 활력이 넘친다. 큰 긍정을 가진 자는 큰 가능성의 호수를 가진 자이고 작은 긍정을 가진 자는 작은 가능성의 호수를 가진 자이다.

그 큰 긍정의 습관은 오늘 하루를 긍정적으로 살 때 시작된다. 오늘을 해처럼 환하게 웃으며 긍정적으로 살게 하라. 오늘이 모여 인생이 되기 때문이다. 당신 자녀에게 "삶이란 즐거운 것이다"라는 생각을 심어주어야 한다. 만약 그렇지 않다면 지금 당신은 자녀에게 독을 먹이고 있는 것이다. 마음이 지옥이 되면 몸도 지옥이 되고 인생도 지옥이 된다. 무슨 일이 있든지 먼저 마음을 천국으로 만들어야 한다.

때론 부족함이
자녀를
강하게 한다

물질, 특히 돈은 평생 다루어야 하는 습관이다. 현대인은 돈을 떠나서는 살 수 없다. 초등학교 4학년이던 첫째 아들이 하루는 학교에 갔다 오더니 친구에게 돈을 빌려주었는데 주지 않는다고 투덜거렸다. 그때 나는 아들에게 아주 중요한 교훈을 주었다. 돈은 타인의 손에 들어가는 순간 내 것이 아니라고 가르쳐주었다. 친구에게 돈을 빌려줄 때 이미 받지 않는다고 생각해야 한다. 만약 친구가 돈 만 원을 빌려달라고 한다면 그냥 내 수준에서 할 수 있는 천 원을 주는 것으로 끝내야 한다. 이미 오래전부터 어른들은 우리에게 이런 말씀을 하였다. "친구에게 돈을 빌려주면 돈도 잃고 친구도 잃는다." 정말 맞는 말이다. 돈은 빌려주는 것이 아니다. 가족이라도 그렇다. 그냥 내가 줄 수 있는 정도의 돈을 주는 것으로 끝내야 한다.

돈은 어릴 때부터 귀하게 여겨 아끼고 절약하게 해야 한다. 우리 주위에 돈을 잘 다루지 못하여 인간관계가 어렵게 되고 인생 자체가 어려운 사람이 많다. 돈 관계를 깨끗하게 해야 한다. 타인의 돈은 빌리지 않는다는 철칙을 가져야 한다. 돈이 없을 때는 없는 대로 살면 된다. 돈은 어릴 때부터 절약하고 저축해야 한다. 자녀를 데리고 은행에 가서 스스로 통장을 만들어 저축하게 해야 한다. 유대인들은 태어나서 대학을 졸업하기까지 꾸준히 돈을 모아서 사회에 나갈 때약 1억 정도의 돈을 만든다고 한다. 당신의 자녀에게 1억을 주라는 말이 아니다. 그만큼 절약하게 해야 한다는 것이다.

부모에게 받는 용돈도 아끼고 절약하게 해야 한다. 그래야 나중에 월급을 받아도 절약하게 된다. 월급을 받는 나이가 되면 월급의 10~20%는 저축을 하도록 가르쳐다 한다. 만약 10%를 저축하지 못한다면 1%라도 저축하게 해야 한다. 저축은 좋은 미래를 열게 하고 좋은 투자를 하게 하는 씨앗이 된다. 돈에는 법칙이 있다. 저축은 축적의 법칙을 이루게 된다. 축적의 법칙은 돈이 돈을 낳는 것이다. 예금계좌에 돈이 쌓일수록 더 많은 돈과 기회를 갖게 된다. 자석이 커지면 커질수록 더 멀리 있는 쇠붙이가 끌려오듯 많이 저축하면 할수록 더 많은 돈이 끌려온다. 자녀에게 일확천금 가질 생각을 아예 버

부모가 자녀에게 꼭 남겨주어야 하는 그것

리게 하고 매달 조금씩 저축하는 것이 지혜로움을 알게 해야 한다.

대학 졸업 이후에는 부모의 돈이 아닌 자신의 돈으로 살게 해야 한다. 돈을 함부로 쓰는 아이는 성인이 되어서도 돈을 함부로 쓰게 된다. 돈이 귀한 것을 알아야 한다. 또 돈은 과도히 아낀다고 모이는 것이 아니라 선한 곳에 써야 함을 가르치고 직접 선한 것에 쓰게 하는 것이 좋다. 나는 아이들에게 단기선교를 떠날 때는 용돈을 모아서 비행기 값을 지불하게 하고, 선교지에 줄 선물도 자기 돈으로 준비하게 하며, 자기가 준비한 선물을 직접 전해주도록 한다. 아빠의 수입이 얼마이고 너희들에게 얼마의 돈을 줄 수 있다고 사전에 알린다. 아이들이 대학 시절에 학비를 받아 갈 때는 아빠가 무슨 돈으로 학비를 내는지 다 말해준다. 우리 아이들이 아빠가 주는 학비가 어떤 돈인지를 알 때 대학 시절을 헛되이 낭비하지 않게 된다.

나는 첫째가 미국으로 유학길을 떠나는 날, 이렇게 말했다.

"아들아, 네가 1학년을 마칠 때까지는 학비를 줄 수 있지만 그 후로는 너의 힘으로 공부해야 한다. 1년 학비를 주는 것이 아빠로서 해줄 수 있는 최선이란다."

내 눈에는 눈물이 가득 찼고 아들의 눈에도 눈물이 가득했다.

많은 돈만이 자녀를 성공시키는 것이 아니다. 때로는 부족함이 자녀를 더 강하게 한다.

사람들은
겸손히 섬기는
사람을 존경한다

겸손은 인간관계에서 가장 중요한 습관인지도 모른다. 살면 살수록 중요한 것은 인간관계다. 아무리 공부를 잘하고 실력이 뛰어나도 교만한 사람은 다 싫어하고 멀리한다. 그러나 겸손한 사람은 모든 사람이 좋아하고 함께하기를 원한다.

나는 청년들을 만나면 언제나 겸손을 강조한다. 젊고 힘 있을 때 겸손하라고 말한다. 수력발전소는 수차가 크면 클수록 큰 에너지를 만든다. 마찬가지로 내가 낮아지면 낮아질수록 큰 힘을 가지게 된다. 친구들과의 관계에서도 내가 높아지고 자랑하고 교만하면 라이벌이 되고 공격받게 된다. 파스칼은 이런 말을 하였다. "남에게 좋은 말을

부모가 자녀에게 꼭 남겨주어야 하는 그것

듣고 싶거든 자기 자신의 좋은 점을 늘어놓지 말라."

　내 주변에 친구가 다 떠나고 한 명도 없다면 내가 교만한 것은 아닌지 살펴보아야 한다. 세상 모든 물이 바다로 모이는 것은 바다가 가장 낮기 때문이다. 이것은 자연이 우리에게 가르쳐주는 좋은 교훈이다. 내가 낮아지면 사람들이 내게로 몰려오기 마련이다. 요즘에는 한 자녀만 낳아 키우는 경우가 많다. 그래서 하나뿐인 자녀를 왕으로 키우기 쉽다. 자기 잘난 맛에 사는 아이는 모든 사람의 적이 된다. 그래서 독자로 크는 아이일수록 겸손을 가르쳐야 한다. 사람은 똑똑한 사람을 존경하지 않고 겸손히 섬기는 사람을 존경하고 따른다.

　당신의 자녀가 배운 것이 많아 머리가 큰 사람보다 마음이 넓은 사람으로 자라게 하라. 마음이 넓은 사람이 진짜 리더이다. 친구들을 만났을 때 말을 많이 하기보다 말을 적게 하도록 가르치는 것도 겸손 훈련이다. 또한 다른 사람의 말을 잘 들어주는 경청을 가르쳐주는 것도 겸손 훈련이다. 경청은 상대방의 마음을 얻는 비결이 되기도 한다. 경청은 백만 불짜리 습관이라고 한다.

　현대인은 겸손의 덕목을 별로 좋아하지 않는다. 겸손을 약함의 또 다른 표현으로 생각하기 때문이다. 그러나 오히려 실력 있는 사람만이 겸손할 수 있고, 강한 자가 낮아질 수 있다. 우리가 자녀에게 겸손한 자가 되라고 가르치는 것은 어려운 일이지만 내가 먼저 겸손의 모범을 보이면 자녀도 자연스럽게 겸손한 사람이 된다. 자녀에게 일어나는 모든 문제의 답은 언제나 부모에게 있다.

다른 사람의 말을 가로채지 않게 하고 상대방의 말을 잘 들어주는 것을 부모에게서 배워야 한다. 음식을 나눌 때 옆의 사람이 먼저 좋은 음식을 먹게 하는 것도 겸손이다. 타인의 단점을 발견하였을 때 약점을 덮어주고 그냥 지나가는 것도 겸손이다. 엘리베이터를 탔을 때 다른 사람이 먼저 가고자 하는 층을 눌러주는 것도 겸손이다. 사람을 만났을 때 먼저 미소 짓거나 인사하는 것도 겸손이다. 내가 겸손해지면 내 주위가 조금 더 훈훈해지고 따뜻해진다.

예수님은 자신을 높이면 낮아지고 자신을 낮추면 높아진다고 말씀하셨다(눅 14:11). 예수님의 말씀은 진리이다. 할 수만 있다면 낮은 자리를 선택하고 겸손의 태도로 살라. 좋은 일이 나타날 것이다. 좋은 기회가 올 것이다. 좋은 만남이 생길 것이다. 겸손은 저절로 갑자기 생기지 않는다. 어릴 때부터 겸손이 몸에 배야 한다. 겸손은 최고의 습관일 뿐만 아니라 위대한 습관이다. 1400년대 유럽의 가장 위대한 신학자이자 철학자인 토마스 아 켐피스는 이렇게 말했다. "겸허한 자세로 자신을 바라보는 것이 우리가 알아야 할 가장 위대하고 유용한 교훈이다."

내 나이 60에 지나온 인생을 되돌아보니 겸손하지 못해서 놓쳐버린 수많은 축복과 기회가 생각난다. 좀 더 겸손할 것을…. 이제라도 이 글을 쓰면서 다시 한번 다짐한다. 겸손의 자리에 서자. 겸손으

로 살자. 좀 더 손해보자. 좀 더 낮아지자. 겸손한 사람은 모든 사람
이 다 좋아하고 하나님이 베푸시는 큰 은혜도 누리게 된다. 성경은
하나님이 겸손한 자에게 은혜를 베푸신다고 말씀한다.

"하나님이 교만한 자를 물리치시고 겸손한 자에게 은혜를 주
신다 하였느니라"(약 4:6).

우리 인생에서 노력보다 더 중요한 것은 하나님의 은혜이다. 하
나님의 은혜를 받는 사람은 별로 노력하지 않아도 좋은 만남이 나
타나고 과분한 기회가 온다. 나는 30년 가까이 목회하면서 목회는
전적인 하나님의 은혜임을 고백한다. 우리 인생에 가장 필요한 것
은 하나님이 부어주시는 은혜이다. 그 중요한 은혜는 겸손할 때 부
어진다.

평생 은혜받는
감사 습관이
먼저이다

감사는 온 세상을 아름답게 만든다. 감사는 내 인생 자체를 행복하게 만들어준다. 천국과 지옥은 감사에 달려 있다. 감사가 마음에 가득한 사람은 매일 천국에서 살게 되고 불평이 가득한 사람은 매일 지옥에서 살게 된다. 감사하는 사람은 지금이라는 현실을 천국으로 만들고 불평하는 사람은 지금의 장소를 지옥으로 만든다.

사실 감사는 환경에 달린 것이 아니라 내가 선택하는 것이다. 내가 이 땅에 태어난 것은 내 노력이나 실력이 아니라 그냥 하나님께서 주신 선물이다. 그러니 인생 자체에 감사해야 한다. 나는 우리 자녀들에게 늘 감사하라고 가르치고 나도 무슨 일을 만나든지 감사한다.

부모가 자녀에게 꼭 남겨주어야 하는 그것

감사는 하면 할수록 내 인생이 풍성해진다. 그래서 스펄전은 "별빛에 감사하면 달빛을 주시고, 달빛에 감사하면 햇빛을 주신다"라고 말했다. 정말 그렇다. 감사는 하면 할수록 더 감사할 것이 밀려온다.

한번은 우리 아이들이 싸움을 하여 내 앞에 왔다. 나는 첫째 아들에게 여동생의 장점 100가지를 쓰라 하고, 둘째 딸에게 오빠의 장점 100가지를 쓰라고 하였다. 얼마간의 시간이 흐른 뒤 서로 100가지 장점을 쓴 아이들이 서로 부둥켜안고 울었다. 상대방의 장점을 생각해보니 너무나 감사할 일이 많았던 것이다. 지금 나에게 없는 것을 보고 불평하는 사람은 평범한 사람이고 지금 나에게 있는 것을 보고 감사하는 사람은 지혜로운 사람이다. 자녀가 그냥 자기 입에서 나오는 대로 말하도록 내버려두면 불평이 가득한 아이로 자라게 된다. 어려운 일이 있을 때 감사하는 것은 자기 마음을 컨트롤하는 것이다. 자기 자신의 마음을 바꿀 수 있는 사람은 세상을 바꿀 수 있는 인물이 된다.

출애굽한 이스라엘 백성 1세대가 광야에서 40년 동안 빙빙 돌다가 다 죽은 이유는 바로 감사하지 않고 불평하였기 때문이다. 사실 그들이 광야에서 불평하는 것은 본능이며 극히 자연스러운 일이었다. 그런데 왜 하나님은 그들을 광야에서 죽도록 하였는가? 그들은 애굽에서 종살이하며 430년이라는 기나긴 시간을 보냈다. 그들이 출애굽할 수 있는 확률은 0.00001%도 없었다. 그들이 출애굽한 것은 전적으로 하나님의 은혜였다. 그런데 그들은 그 엄청난 은혜를 잊어버리고 지금 당장 없는 것만 바라보며 불평하였기에 감사를 모르는 그들을 하나님께서는 광야에서 죽게 한 것이다.

우리 인생도 광야와 같다. 광야의 인생에는 불편한 것이 많다. 그러나 우리 눈에 없는 것에 눈을 맞추고 불평하지 말고 지금 있는 것에 감사하라. 어린 자녀에게 불평보다 감사를 가르치는 것은 어려운 일이지만 우리는 이것을 가르쳐야 한다. 가장 좋은 방법은 부모인 내가 불평할 수밖에 없는 상황에서 감사할 때 자녀가 배우게 되는 것이다. 우리 자녀가 감사하는 사람이 되게 하려면 어떤 방법이 있는지 몇 가지만 소개해본다.

첫 번째로 일상생활 속에서 일어나는 조그마한 일에도 감사하는 버릇이 들게 하라.

두 번째로 매일 〈감사 노트〉를 쓰게 하라. 오프라 윈프리는 자신이 성공적인 인생을 살게 된 이유가 바로 〈감사 노트〉라고 말했다. 나는 매일 〈감사 일기〉를 쓰면서 놀라운 것을 발견했다. 그것은 매일 〈감사 일기〉를 써보니 내 마음에 감사가 가득 차서 정말 행복하고 긍정적인 사람이 되더라는 것이다.

세 번째로 매주 온 가족이 함께 모여 감사를 나누는 시간을 만들라. 일주일 동안 경험한 각자의 감사를 나누는 시간은 정말 행복한 시간이 된다.

네 번째로 어린 자녀를 데리고 선교지를 방문하라. 우리 교회는 필리핀, 인도네시아, 네팔, 중국 등에 단기선교를 간다. 그곳은 한국보다 생활수준이 훨씬 낮다. 그곳의 아이들을 보면서 우리 자녀들이 얼마나 부유한지 알게 된다. 선교지에 갔다 오면 감사의 조건이 너무나 많다는 것을 알게 된다.

어려운 환경에서도 감사하여 빛나는 인생을 사는 사람이 너무나 많다. 닉 부이치치, 레나 마리아, 송명희 선생 등 이런 사람들의 삶을 보여주는 것도 큰 도전이 될 것이다.

> 감사는 하면 할수록 우리 인생을 빛나게 한다.
> 행운이나 기적은 우연히 일어나는 것이 아니라
> 항상 감사하는 사람에게 찾아오는 것이다.

영혼을 살리는
영적 습관
또한 중요하다

사람에게는 육체적인 습관만 있는 것이 아니다. 육체적인 습관 위에 정신적인 습관이 있고, 정신적인 습관 위에는 영적인 습관이 있다. 이제 평범한 사람들이 그냥 지나치기 쉬운 영적인 습관을 살펴보고자 한다.

▶ 큐티 습관

제일 먼저 성경을 읽고 묵상하는 큐티 습관이다. 우리 부부는 아이들에게 아주 어린 시절부터 스스로 큐티하는 습관을 몸에 익히게 하였다. 매일 아침 일어나면 성경을 읽고 큐티 노트를 쓰게 하였다.

부모가 자녀에게 꼭 남겨주어야 하는 그것

어려운 일이 아니다. 누구나 할 수 있다. 그 방법을 소개하고자 한다.

첫째, 성경의 본문을 세 번 읽는다. 본문은 처음에는 요한복음으로 시작하면 좋다. 요한복음이 끝나면 사도행전을 하고, 그다음에는 스토리 위주의 창세기, 출애굽기, 여호수아 정도로 하면 흥미를 붙일 것이다. 사복음서는 다른 책을 하다가 중간중간에 또 하면 좋을 것이다. 본문의 양을 정할 때 신약은 1~5절이나 1~10절 정도의 짧은 문단으로 끊으면 될 것이고, 구약은 한 장씩 하면 좋을 듯하다. 큐티는 절대로 지루하게 하거나 억지로 하면 안 된다. 큐티는 재미있어야 계속할 수 있다.

둘째, 깨달은 점이나 느낀 점을 기록한다. 본문을 세 번 정도 정독하면 그 본문을 통해 깨닫게 되는 것이 있다. 그것을 적는다. 또 좋은 성경 구절이 있으면 그대로 옮겨 적기도 한다.

셋째, 내가 깨달은 교훈을 오늘 어떻게 적용할 것인가를 생각해보고 적는다. 매일 깨달은 교훈을 한 가지씩 적용한다면 나중에 아주 뛰어난 인물이 될 것이다.

큐티는 어린 시절부터 몸에 배야 한다. 성경 말씀은 우리에게 영성을 주고 지혜를 준다. 지혜와 지식은 다르다. 지식은 백과사전적 지식을 익히는 것이지만 지혜는 무엇을 해야 할지, 어디로 가야 할지, 무엇을 선택해야 할지 알게 해주는 것이다. 이 큐티는 어린 시절부터 시작하여 평생 죽을 때까지 해야 하는 소중한 습관이다. 말씀을 매일 가까이하는 사람은 그 말씀이 그의 인생을 이끌어갈 것이다. 나는 대학 시절부터 시작한 큐티를 지금까지 40년이 넘도록 아침마다 한다. 성경 한 권만 가지고 묵상하고 빈 노트에 내가 깨달은 내용을 적어 간다.

▶ 기도 습관

기도 습관은 부모에게서 배워야 한다. 자녀가 부모의 기도를 보고 배워야 한다. 나는 어머니의 기도를 통해 기도의 힘을 배웠다. 부모님은 시골에서 구멍가게를 하셨다. 그 조그마한 가게를 하시면서 무척 바빴을 때도 날마다 새벽예배를 다녀오시고 내 머리맡에서 나를 위해 눈물로 기도하셨다. 새벽에 자다보면 내 얼굴에 어머니의 뜨거운 눈물이 떨어지곤 했다. 나는 어머니에게서 기도의 습관을 배웠다. 기도의 습관을 가지면 아무리 큰 어려움을 만나도 좌절하지 않는다.

우리 가정은 비전 카드를 적고 기도한다. 한 사람당 30개 정도의 카드를 가지고 매일 기도한다. 2009년 2월에 우리 온 가족이 이탈리아에 가서 집회를 하고 여행도 하였다. 그때 세계 최고의 바이올

부모가 자녀에게 꼭 남겨주어야 하는 그것

린을 만든 스트라디바리우스의 고향을 찾게 되었는데, 6학년 된 딸이 나에게 이런 말을 하였다.

"아빠, 우리 가족이 이곳에 오게 된 것은 바로 저 때문이죠?"

"그게 무슨 말이니? 아빠가 집회가 있어서 이곳에 오게 되었지."

"아니에요, 제 기도 카드 30개 중의 하나가 스트라디바리우스의 고향에 가기였어요. 벌써 그 기도를 한 지 1년이 되었어요."

나는 내가 잘나서 이탈리아에 온줄 알았는데 바이올린을 전공하는 딸의 기도 덕분에 오게 된 것임을 알게 되었다. 매일 부르짖는 기도에는 엄청난 힘이 있다. 기도가 하늘에 쌓이면 하나님께서 반드시 역사하신다. 기도의 습관에는 위대한 힘이 있다. 나는 매일 새벽 예배를 마친 후 한 시간 정도 기도한다.

좋은 습관은 어릴 때 만들어져야 한다. 좋은 습관을 가진 사람은 인생을 성공할 수 있는 동력을 가진 사람이다. 좋은 습관을 가진 사람은 이미 이기는 인생을 사는 것이다. 톨스토이는 60년간 일기를 썼고, 헤밍웨이는 하루에 500단어를 썼으며, 하루키는 새벽에 일어나 달리기와 수영을 하고 하루 다섯 시간을 책상에 앉아 원고를 20장씩 썼다고 한다. 전설적인 농구 선수인 레리버드는 NBA 역사상 최고의 자유투 슈터였다. 그는 매일 아침 자유투를 500개씩 연습하고 나서 학교에 가는 습관이 있었다고 한다.

반복되는 습관이 큰일을 이루게 한다. 의식적이든 무의식적이든 간에 성공한 사람들은 성공을 보장하는 습관을 가지고 있다. 스페인의 위대한 바이올린 연주가인 사사라테에게 어떤 비평가가 천재라고 부른 적이 있었다. 그 말을 듣자 사라사테가 즉시 반격했다.

"천재라고? 나는 지난 37년간 하루에 14시간씩 연습을 했다고! 그런 것은 생각하지 않고 사람들은 나를 천재라고 부른다니까!"

사라사테는 자기를 19세기 최고의 바이올린 연주자로 만든 것은 자기의 천재성이나 타고난 재능이 아니라는 것을 잘 알고 있었다. 그를 만든 것은 매일 쉬지 않고 꾸준히 연습하는 습관이었다. 성공으로 이끄는 중요한 요소는 타고난 재능이나 능력이 아니라 좌절과 실패에도 불구하고 끊임없이 노력하는 습관이다.

어린 시절에 갖는 좋은 습관은 평생에 유익을 주는 친구를 갖는 것이다. 인생 최고의 친구는 바로 습관이라는 친구이다. 이번 장에 소개된 10가지 습관은 우리 자녀들에게 아주 기본적인 것이다. 더 좋은 습관을 많이 키워주는 것은 부모의 몫이다. 잠깐 나쁜 습관을 적어 본다. 게으름, 거짓말, 늦잠, 과음, 과식, 험담, 불평불만, 남 탓 하는 버릇, 미루는 버릇, 위선, 게임중독, TV 중독 등 이런 것이 습관이 된 사람은 이미 성공할 확률이 낮은 사람이다. 좋은 습관을 가진 아이는 나쁜 습관을 가진 아이보다 훨씬 위대한 인생을 살게 된

부모가 자녀에게 꼭 남겨주어야 하는 그것

다. 좋은 습관은 부모가 자녀에게 심어주어야 하는 돈으로 바꿀 수 없이 중요한 평생 재산이다.

좋은 습관은 좋은 결과를 낳는다.
나쁜 습관은 나쁜 결과를 낳는다.

"너희는 유혹의 욕심을 따라 썩어져 가는 구습을 따르는 옛 사람을 벗어 버리고 오직 너희의 심령이 새롭게 되어 하나님을 따라 의와 진리의 거룩함으로 지으심을 받은 새 사람을 입으라"(엡 4:22-24).

—

크고 높은 비전을
갖게 하라

어느 교회에서 초등학교 교장 선생님을 만났는데, 그분이 나에게 요즘 초등학생들의 직업 선호도 1위가 무엇인지 물어보았다. 나는 탤런트나 가수일 것 같다고 하였더니 놀랍게도 공무원이 1위라고 하였다. 나는 순간 참 아찔하였다. 대학생들의 직업순위가 공무원이면 이해가 되는데 아직 어린아이들이 꿈도 없이 그냥 편하게 사는 공무원이 되길 원한다고 하니 마음이 아팠다(물론 공무원이 나쁘다는 것은 아니다. 혹시라도 공무원인 분은 나의 의도를 이해해주기 바란다). 우리 자녀들이 한 번밖에 살지 않는 인생을 아무런 비전도, 도전도 없이 편안함만을 위해 산다면 이것은 정말 큰 불행이라 할 수 있다.

미국에는 많은 항공모함이 있다. 그중 스테니스 호를 소개하고 자 한다. 스테니스 호는 미식축구 경기장 3개를 이어놓은 것보다 좀 더 크다. 무게는 9만 톤 정도 되며, 선원은 약 5천 명이 거주한다. 가 히 항공모함답게 거대한 해상도시다. 이 스테니스 호의 특이한 점은 기름을 넣지 않고도 26년 동안 계속 바다에 떠 있을 수 있다는 것이 다. 그렇다면 무엇이 스테니스 호를 계속 바다에 떠 있게 하는 것일 까? 그것은 바로 원자로 때문이다. 이 항공모함은 26년에 한 번 육 지로 돌아와서 원자로를 갈아 넣는다. 이 항공모함이 26년 동안 계 속 움직이게 하는 힘은 바로 원자로에 있다. 이런 원자로와 같은 것 이 바로 비전이다. 비전이 우리의 인생을 움직이는 에너지다.

비전은 인생을
탁월하게
만들어준다

사람은 건강하면 80세 전후를 산다. 이 80년을 움직이는 강력한 힘은 바로 비전이다. 당신에게 비전이 없다는 것은 당신을 움직일 엔진이 없다는 것이다. 인생을 위대한 인생으로 만들어주는 것은 분명한 비전이다. 이 비전은 캄캄한 밤에도 앞을 향해 나아가게 하고, 사막에서도 계속 걸어가게 한다. 비전이 분명한 사람은 심심할 시간도, 무료할 시간도 없이 오직 그 비전을 향해 움직일 시간만 있다. 지금 당신이 무엇인가 열정을 가지고 살고 있다면 그것은 분명한 비전이 있기 때문이다. 그러나 만약 지금 당신이 시간을 낭비하고 있다면 그것은 분명한 비전이 없다는 것이다. 비전은 목표와 같다. 목표가 분명한 사람은 아무리 어려움이 있어도 그 목표를 향해 나아간다.

부모가 자녀에게 남겨주어야 할 것이 많겠지만 자녀가 어릴 때 그 자녀가 가지고 있는 분명한 비전을 찾아주고, 그 비전을 향해 살 수 있도록 하는 것은 정말 큰 축복을 물려주는 것이다. 부모는 자녀가 어릴 때 자신의 비전을 발견할 수 있도록 도와주어야 한다. 왜냐하면 사람마다 비전이 다르기 때문이다. 하나님은 사람마다 다른 비전을 심어 놓으셨다. 이 비전은 내가 정하는 것이 아니다. 태어날 때 하나님이 주신 것이다. 사람마다 비전이 다르다는 것은 하나님이 살아 계신다는 증거이기도 하다.

우리는 우연히 나 자신만 할 수 있는 독특한 은사를 가지고 태어난 것이 아니다. 하나님이 모든 사람마다 각기 다른 은사를 주셨기 때문이다. 하나님이 나에게만 독특하게 주신 은사를 일찍 발견하고 그 은사를 키우는 것은 매우 중요한 일이다. 사람마다 각기 다른 은사를 발견하게 해주는 것은 부모의 몫이다. 부모가 자녀를 유심히 살펴보면 그 아이가 가진 은사를 발견할 수 있다. 부모는 자녀의 은사를 일찍 발견하여 그 아이의 비전으로 연결시켜주고 응원해주어야 한다. 이것이 부모의 중요한 책임이다.

우리 주위에는 자신의 비전을 몰라 방황하는 사람이 많다. 어떤 사람은 유아 시절에 비전을 발견하고 그 비전을 위해 투자하며 사는 이가 있는가 하면, 어떤 사람은 대학을 졸업해도 자신의 비전을 정하지 못해 우왕좌왕하는 이가 있다. 세계적인 피아니스트나 바이올리니스트는 대부분 유아 시절에 음악을 시작하였다. 피겨 퀸 김연아처럼 스무 살에 세계를 제패하는 인물이 되려면 다섯 살부터 그 비전을 향해 투자해야 가능하다. 다섯 살부터 목적지를 향해 뛰어가는 사람과 대학 졸업 후 스물네 살이 되어도 아직 자신이 어디로 갈지 모르는 사람은 비교도 되지 않는 서로 다른 인생을 사는 것이다.

당신의 자녀가 아직 어린가? 그렇다면 오늘 자녀의 비전을 발견해주라. 비전을 찾는 것은 어려운 일이 아니다. 당신의 자녀가 어리다면 자유시간을 주고, 그 자유시간에 자녀가 무엇을 하는지 살펴보라. 혼자 있을 때 무엇을 하는지 자세히 살펴보면 그 아이의 비전이 숨어 있다.

책 읽는 것을 좋아하면 학자, 활발하게 뛰어노는 것을 좋아하면 운동선수, 그림 그리는 것을 좋아하면 화가, 악기나 노래를 좋아하면 음악가, 사람을 좋아하면 사업가, 기계를 좋아하면 엔지니어, 이것저것을 다 좋아하는 아이는 천재이고, 이것저것을 다 싫어하는 아이는 철학가이다. 시간만 생기면 하는 것이 있다. 시키지 않고 가르치지 않아도 하는 것이 있다. 아무리 하지 말라고 야단쳐도 또 하는 것이 있다. 틈만 나면 또다시 즐겨하는 일이 있다. 그것이 하나님께서 그 아이에게 심어놓으신 비전의 씨앗이다.

당신의 자녀가 즐겨 하는 일을 보았는가? 그렇다면 그것의 가능성을 열어줘보라. 예를 들어 음악을 좋아하면 클래식을 들려줘 보고, 여러 악기를 만져보게 하며, 여러 음악캠프에 데리고 다녀보라. 그러면 그중에 아이가 흥미를 느끼는 것을 발견하게 될 것이다. 만약 운동을 좋아하면 축구, 야구, 배구, 수영, 태권도, 유도, 자전거 등 여러 가지 운동을 경험하게 해보라. 그중에 유독 흥미를 느끼는 것이 분명히 있을 것이다.

아이들이 가지고 있는 비전은 다양하다. 부모가 전혀 생각지도 못한 비전을 가질 수도 있다. 부모가 자녀들이 가진 비전을 풍성하게 열어주는 것은 축복이다. 자녀가 가질 비전의 가능성을 제한하지 말고 넓게 펼쳐보라. 자녀가 자유롭게 선택할 수 있도록 선택의 폭을 넓혀주라.

비전트립을 하는 것도 하나의 방법이다. 음악을 좋아한다면 이탈리아에 데려가고, 무용에 흥미를 느낀다면 러시아에 데려가 보고, 작가가 되고 싶다면 셰익스피어의 집을 방문해보며, 사업가가 되고 싶다면 중국에 데려가서 시장통을 돌아보며 그곳에서 성공한 장사꾼들을 만나보게 하는 것도 필요하다. 건축가가 되고 싶다면 로마에 데려가고, 정치가가 되고 싶다면 워싱턴 D.C.에 데려가 보라. 절대로 후회하지 않는 비전트립이 될 것이다.

이것은 돈이 있다고 할 수 있는 것이 아니다. 이것 또한 비전의 중요성을 아는 부모만이 할 수 있다. 비행기 표만 있으면 된다. 비

부모가 자녀에게 꼭 남겨주어야 하는 그것

행기 표는 비수기에 일찍 구하면 아주 저렴하게 살 수 있다. 꼭 해외가 아니어도 된다. 한국 안에서도 비전을 자라게 해줄 수 있는 장소와 사람은 얼마든지 있다. 문제는 관심이다. 또 비전트립을 떠나는 시간은 꼭 방학이 아니어도 된다. 비전을 위해 과감히 학교 수업을 현장 수업으로 대체하여 함께 여행해보라. 절대 후회하지 않을 것이다.

비전은 하나님이 심어 놓으신 씨앗이다

지금 당신의 자녀가 어린아이가 아니라 좀 커서 중고등학생이라면 비전을 찾는 데는 다소 늦은 감이 있다. 그래도 이런 방법을 사용한 다면 도움이 될 것이다. 먼저 흰 종이 한 장을 주고 "하고 싶은 일 10 가지를 써보라"고 해라. 그 10가지 중에 기도하면서 정말 하고 싶은 일 3가지만 정하라고 해보라. 10가지 중에 3가지를 정하는 데 일주 일 정도의 시간을 주라. 그러면 기도하면서 3가지를 정할 것이다. 그 후 다시 일주일의 시간을 주며 기도하면서 그중에 정말 하고 싶은 일 한 가지만 선택하라고 해보라. 그것이 그 아이의 비전이다. 비전을 발견하는 일은 어릴수록 좋다.

부모가 자녀에게 꼭 남겨주어야 하는 그것

한번은 집회를 위해 미국 뉴욕에 갔었다. 초청한 교회 측의 배려로 아주 크고 좋은 집에 머물게 되었는데, 그 집에 들어서자 유독 많은 트로피와 상장이 눈에 띄었다. 그 집 딸이 피아노로 수많은 대회에서 입상하였단다. 그 집 딸은 부모의 욕심에 따라 피아노를 배웠고, 각종 대회에서 상을 휩쓴 영재였다. 그러나 대학 졸업 후 그녀는 피아노를 닫아놓고 다시는 연주하지 않는다고 한다. 어린 시절 쌓아 올린 그 많은 수고와 노력이 다 물거품이 된 것이다.

비전은 하나님께서 그 사람에게 특별히 심어 둔 씨앗이다. 그 비전을 찾아 투자한다면 반드시 큰 열매를 얻을 것이다. 그러나 부모가 원하는 비전을 자녀에게 강요한다면 결국에는 그 비전을 버리게 된다. 우리 주위를 돌아봐도 대학을 졸업한 후 전공을 바꾸어 인생을 사는 사람이 많다. 그것은 잘못된 비전에 인생을 낭비했기 때문이다. 그래서 자녀가 어릴 때 타고난 비전을 발견하고 그 비전의 문을 열어주는 것은 정말 대단히 중요한 일이다.

우리 첫째 아들은 책을 좋아한다. 틈만 나면 책을 읽는다. 하루에 5권의 책을 읽는 것은 기본이다. 우리는 첫째를 걸어 다니는 백과사전이라고 부른다. 그만큼 다양한 지식을 가지고 있다. 책을 좋아하는 첫째는 책만 좋아하는 것이 아니라 그림 그리기도 좋아한다. 놀 때 책을 읽거나 아니면 혼자 만화를 그렸다. 매직으로 방바닥과

벽에 그림을 그려놓았다. 나는 우리 첫째 아들이 책을 읽을 때는 기분이 좋지만 만화를 그릴 때는 화가 났다.

그러나 지금은 생각이 다르다. 예배가 끝나면 첫째 아들 주위에는 많은 중고등학생이 몰려 있다. 무엇을 하고 있나 가보면 첫째 아들이 그림을 그리며 성경 이야기를 해주고 있다. 나는 우리 아들이 나중에 그림으로 탁월하게 의사전달을 하는 사람이 될 것을 기대하게 되었다.

우리 둘째 딸은 비전의 발견이 늦어 늘 미안한 마음이 있다. 오래전 우리 교회에 러시아 오케스트라 팀이 와서 찬송가를 연주한 적이 있다. 예배 시간에 큰 감동이 있었다. 예배를 마치고 그 오케스트라 단장이 자신들은 분당에 거주하고 있고, 혹시 현악기를 배우고 싶은 아이들이 있다면 저렴한 비용으로 레슨을 받게 해주겠다고 하였다. 그래서 우리 교회 아이들 약 30여 명이 레슨을 시작하였다. 우리 집 세 자녀도 다 같이 취미로 악기 레슨을 받았다.

첫째는 첼로, 둘째와 셋째는 바이올린을 배우기 시작하였다. 그때 우리 딸의 나이가 열 살이었다. 첫째와 셋째는 악기를 배우는 데 큰 흥미를 느끼지 못했다. 그런데 둘째는 바이올린을 무척 좋아했다. 오늘 스즈키 10번을 배운다고 하면 첫째와 셋째는 스즈키 10번만 연습해갔다. 그런데 둘째는 스즈키 1~10번을 다 다시 연습하였다. 그만큼 바이올린 배우는 일을 즐겁고 행복하게 생각했다.

부모가 자녀에게 꼭 남겨주어야 하는 그것

어느 날 둘째 딸이 자신은 바이올린을 전공하고 싶다고 말했다. 그런데 주위에 바이올린을 전공한 사람들이 열 살에 바이올린을 시작하는 것은 이미 늦은 때라고 만류하면서, 바이올린을 전공하려면 적어도 다섯 살부터 시작해야 한다고 했다. 그래도 딸은 바이올린을 하겠다고 고집하였다. 러시아 선교사들의 레슨이 끝나고 집 가까운 바이올린 학원에 갔더니, 그곳 선생님도 바이올린을 전공하여 성공하기에는 너무 늦은 나이라고 하면서 차라리 공부할 것을 권하였다. 딸은 집으로 돌아와 펑펑 울었다.

그러나 우리 딸의 마음은 바뀌지 않았다. 늦게 시작한 사람도 할 수 있다고 하며 바이올린을 포기하지 않았다. 남들보다 더 열심히 하면 따라갈 수 있다고 하였다. 딸의 책상에는 "I am still leaning"이라는 미켈란젤로의 글이 새겨진 조각물이 놓여 있다. 가끔 스무 살도 채 되지 않았는데 바이올린으로 유명해진 아이들이 신문에 나면 마음에 조바심이 생기고 기가 죽지만 우리 딸은 오늘도 최선을 다한다. 다만 딸이 하고 싶은 바이올린 수업을 일찍 시작할 수 있도록 길을 열어주지 못한 것에 대한 미안한 마음이 가득하다.

당신이 정말 자녀를 사랑한다면 당신의 자녀가 비전을 일찍 발견하여 그 비전을 향해 나아갈 수 있도록 길을 열어주라. 부모가 자녀에게 줄 수 있는 최고의 선물이 될 것이다. 꿈은 이루어지지 않아도 된다. 꿈은 꿈을 갖는 순간부터 행복을 준다.

우리 셋째 아들은 말하기를 좋아한다. 밥 먹을 때 보면 혼자 말하고 있다. 나는 우리 셋째에게 남자가 말이 너무 많다며 조용히 하라고 면박을 주곤 한다. 그러면 조금 시무룩하다가 또다시 대화를 주도하고 있다. 셋째 아이의 꿈은 정치에 있다. 그는 말하는 것이 즐겁다고 한다. 자기 배 안에는 말이 가득하여서 온종일 말해도 더 많은 말을 하고 싶다고 한다. 참 신기한 일이다.

나는 요즘 우리 셋째가 말을 하면 야단치지 않고 말하는 법을 가르쳐준다. 그 아이의 꿈이 말하는 것이기 때문이다. 나는 셋째 아이에게 정치를 하려면 역사와 많은 언어를 공부하는 것이 좋다고 가르쳐주었다. 그 후 셋째는 자발적으로 여러 나라의 말을 배우고 있다.

자신의 비전이 분명한 아이들은 쓸데없는 곳에 시간을 낭비하지 않는다. 우리 아이들은 TV, 인터넷, 게임, 스마트폰 등 이런 것에 빠져 시간을 헛되이 보내지 않는다. 틈만 나면 자신들의 비전을 향해 열심을 내고 있다. 나는 우리 아이들의 미래가 어떻게 될지 모른다. 그래도 이미 내 배는 부르다. 그들이 자신의 꿈을 향해 돌진하는 모습을 보는 것만으로도 행복하다.

부모가 자녀에게 꼭 남겨주어야 하는 그것

하나님 안에서 선한 꿈을 꾸게 하라

알바니아 태생의 아그네스 브약스히야는 대학을 다닌 적도 없고 결혼을 한 적도 없었으며 자기 차를 가져본 적도 없다. 그러나 그녀에게는 커다란 꿈이 있었다. 그 꿈은 죽어가고 있는 이 세상에서 가장 가난한 사람들을 도와주면서 자신의 믿음을 실천하며 사는 것이었다. 자신의 꿈을 이룬 그녀는 노벨 평화상을 수상했고, 우리 시대에 가장 존경받는 사람 중 한 사람이 되었다. 그녀가 바로 마더 테레사 수녀이다. 그녀는 콜카타에서 죽어가는 가난한 사람들을 돌보며 일생을 보냈다. 그리고 그녀의 꿈은 '사랑의 선교회'를 통해 아직도 전 세계 수백만의 사람들을 돌보는 일로 이루어지고 있다.

케먼스 윌슨이라는 사람은 건축업을 하여 많은 돈을 벌었다. 그는 어느 날 워싱턴으로 가족여행을 갔다가 여러 호텔의 문제점을 발견하였다. 어떤 호텔은 더럽고, 어떤 호텔은 아이 숫자에 따라 돈을 더 받았다. 그는 자녀가 다섯이나 되었는데 호텔비가 3배로 늘어났다. 그 후 그는 가족들을 위한 좋은 호텔 체인을 만들겠다는 선한 비전을 가졌다. 그는 편안하고 쾌적한 호텔이 목표였다. 방마다 텔레비전을 두고, 공용시설로 풀장을 만들고, 가족에게 필요한 모든 것을 갖추게 하였다. 그리고 1년 후 멤피스 교외에 첫 번째 호텔을 열었다. 이 호텔이 바로 그 유명한 홀리데이 인 호텔이다.

세상의 성공이 당신의 꿈이 되면 안 된다. 성공 너머에 있는 인류를 위한 선한 꿈을 꾸어야 한다. 빌리 그레이엄 목사는 수많은 사람이 대형 야구장에 모여 야구를 관람하는 것을 보고 그곳에서 부흥집회를 할 꿈을 꾸었다. 그 당시에는 아무도 야구경기장에서 영적집회를 할 생각을 하지 못했다. 빌리 그레이엄 목사는 그 꿈을 꾸었기에 꿈을 이룰 수 있었다. 사도 바울은 로마에도 복음을 전할 꿈을 꾸었다. 그래서 그는 로마인을 위해 〈로마서〉를 쓰고, 또 죄수의 몸이었지만 로마에까지 가서 복음을 전하게 되었다.

당신의 자녀에게 자신의 욕심을 넘어 민족과 세계를 살릴 선한 꿈을 가지게 하라. 지금 하고 있는 평범한 꿈을 뛰어넘어 더 크고 더 높은 꿈을 꾸게 하라. 지금 당신 자녀가 가지고 있는 혼자만을 위한 꿈보다 더 큰 꿈을 꾸게 하라. 당신의 자녀는 하나님의 자녀이기에 인류를 부유하게 할 수 있는 능력이 있다. 하나님은 당신의 자녀를 평범하게 살도록 창조하지 않으셨다. 그렇기에 이 세상에서 나 혼자만 잘 먹고 잘사는 그런 평범한 비전을 버리고 영원한 세계에 상급이 되는 큰 비전을 가지게 하라.

"하나님이… 사람들에게는 영원을 사모하는 마음을 주셨느니라"(전 3:11).

우리 사람 안에는 영원이라는 것이 들어 있다. 그러므로 이 땅뿐만 아니라 영원한 것을 향한 꿈을 꾸어야 한다.

내 꿈 너머
하나님의
꿈을 꾸라

사람마다 꿈이 있다. 대부분의 사람들은 꿈을 말하면 직업을 생각한다. 의사, 변호사, 목사, 교수, 회사 대표, 연예인, 예술가 등. 그러나 단순히 직업으로만 끝나면 안 된다. 그 꿈이 이루어졌을 때 무엇을 하겠다는 비전이 있어야 한다. 그것을 꿈 너머의 꿈이라고 말한다. 바이올린을 전공하는 자인가? 그냥 세계적인 바이올리니스트가 꿈이 되면 안 된다. 바이올린을 전공한 뒤 비전이 있어야 한다. 세계 곳곳에 예수님의 이름으로 음악학교를 세워 음악을 가르치면서 예수님을 전하겠다는 꿈을 가져야 한다. 최소한 6대륙에 한 곳 이상 학교를 세우겠다는 꿈 너머의 꿈을 가져야 한다.

부모가 자녀에게 꼭 남겨주어야 하는 그것

축구선수가 되고 싶은가? 그냥 유명한 축구선수가 되는 것이 꿈이 되면 안 된다. 축구선수가 되어 무엇을 할 것인지, 내 꿈 너머의 하나님의 꿈이 있어야 한다. 에스더는 왕비가 꿈이 아니었다. 그녀는 왕비를 넘어 유대 민족을 살리겠다는 꿈이 있었다. 이스라엘에는 수많은 왕비가 있었다. 우리는 그들의 이름조차도 모른다. 우리가 그들의 이름을 모르는 것은 자신의 꿈 너머 하나님의 꿈이 없었기 때문이다. 우리는 내 한 몸 잘 먹고 잘살려고 태어나지 않았다. 내 꿈 너머 하나님의 꿈이 있을 때 성공을 넘어 위대한 인생을 살게 된다.

기업도 마찬가지다. 그 회사가 성공하는 것이 목표이면 그 회사는 성공하기 어렵다. 성공을 넘어 위대한 꿈을 가지고 있어야 한다. 빌 게이츠는 모든 사람이 집에 PC를 가지게 하겠다는 꿈이 있었다. 그냥 컴퓨터를 많이 팔겠다는 것이 아니었다. 〈나 홀로 집에〉라는 영화로 스타가 된 컬킨은 꿈 너머의 꿈이 없었기에 스타 이후의 삶은 너무나 비참하게 되었다. 마이클 잭슨은 팝의 황제라는 소리를 들었지만 꿈 너머의 꿈이 없었기에 마약과 아동 성폭행 혐의 등에 시달리다가 비참하게 최후를 맞았다.

하나님은 당신 혼자 부유하게 되라는 꿈을 주지 않으셨다.
하나님은 당신 안에 이미 인류를 부유하게 할

달란트와 재능을 주셨다. 당신에게는 인류를
부유하게 할 수 있는 내 꿈 너머의 하나님의 꿈이 있다.

> "사람이 자기가 무엇을 위해 죽어야 할지를 발견하지 못했다면
> 그 사람은 살아 있는 것이 아니다."
> _ 마틴 루터킹

부모가 자녀에게 꼭 남겨주어야 하는 그것

가장 중요한
유산을 남기라

그리스의 선박 왕 오나시스는 제2차 세계대전 중에 미국 정부의 비호와 전쟁특수로 재산을 불렸다. 전쟁 후에는 뉴욕을 근거지로 여러 유조선 등을 보유하며 세계적인 선박 왕이 되었고, 부동산과 재산도 엄청나게 늘었다. 그는 그리스 선박업주의 딸과 결혼하였으나 이혼한 후 소프라노 마리아 칼라스와 동거하였지만 8년 만에 케네디 대통령의 미망인 재클린 케네디와 재혼하였다.

그는 수많은 재산을 가지고 호화로운 생활을 하였지만 결혼생활은 불행하였다. 결국 69세 나이에 폐렴 합병증으로 죽음을 맞이하였다. 억만장자였던 그는 죽으면서 "나는 인생을 헛살았다. 하나님께서 주신 축복을 쓰레기로 던지고 간다"라는 말을 남겼다. 그의 유산은 외손녀 아티나 루셀 오나시스에게 돌아갔는데, 그녀는 나이 18세에 27억 달러(한화로 약 3조 원)라는 막대한 유산을 상속받았다.

그녀는 어마어마한 재산을 상속받은 후 행복하였을까? 실제로 아티나 루셀 오나시스는 돈 때문에 늘 두려움과 불안감 속에 살았다고 한다. 그 엄청난 상속금 때문에 자신이 유괴될지도 모른다는 공포 속에서 정문뿐만 아니라 방과 부엌 등 집안 곳곳에 경호원을 두었고, 외출할 때는 늘 방탄차를 이용하였으며, 어디든 사람이 많은 곳은 피했다고 한다. 결국 그녀는 많은 재산이 행복을 주지 않음을 깨닫고 상속받은 재산 대부분을 자선단체에 기부하기로 했다.

아티나는 1998년 한 이탈리아 잡지와의 인터뷰에서 "나는 오나시스라는 이름을 잊고 싶다. 그것이 모든 문제의 원인이다"라고 심정을 토로하였다. 많은 부모가 자녀에게 큰돈을 유산으로 물려주려고 한다. 돈은 우리 삶에 편리함을 주기는 하지만 행복을 주지는 못한다. 아티나는 영국 시골 마을 학교를 다니면서 많지 않은 용돈이지만 언제나 쓰고 싶을 때 쓰고, 어디든지 자유롭게 다니는 가수 폴 매카트니의 딸 스텔라를 가장 부러워하였다고 한다. 부모가 자녀에게 물려주어야 할 유산은 돈이 아님은 너무나 분명하다.

믿음보다
중요한
유산은 없다

부모가 자녀에게 꼭 물려주어야 할 유산은 아름다운 추억, 좋은 습관, 크고 높은 비전이다. 거기에다 우리 그리스도인은 최고의 유산인 믿음을 물려주어야 한다. 믿음보다 중요한 유산은 없다. 당신이 위에 소개한 세 가지 유산을 물려주지 못하였다 하여도 네 번째 소개되는 믿음의 유산을 물려준다면 이미 모든 것을 다 물려준 셈이다. 믿음의 유산 하나만 물려받고 위대한 인생을 산 사람이 너무나 많다. 다음은 탈무드에 나오는 글이다.

"어리석은 사람은 자녀에게 재산을 남긴다.

양식이 있는 사람은 자녀에게 지식을 남긴다.

그러나 지혜로운 사람은 자녀에게 신앙을 남긴다."

교회에 다니는 사람은 그냥 자기 아이가 저절로 믿음이 좋은 아이가 될 것이라는 막연한 기대를 하고 있다. 이것은 큰 착각이다. 우리 주위에 부모는 교회에 잘 다니는데 그 자녀는 믿음을 버리는 경우가 허다하다. 우리 인생에 정말로 남는 것이 무엇인가? 결국은 자녀이다. 자신은 훌륭하게 살았는데 자녀가 믿음이 없다면 고목나무에 불과하다. 고목나무는 덩치는 큰데 속이 텅 빈 나무이다. 고목나무는 아무리 커도 그 나무를 쳐다보는 사람이 쓸쓸해진다. 왜냐하면 고목나무는 아무런 생명력이 없고 서서히 죽어가는 것을 느끼게 하기 때문이다.

당신의 자녀가 영원히 성공하길 원하는가?

그렇다면 믿음의 유산을 물려주라.

부모들은 오늘 스스로에게 물어보라. "나는 내 자녀에게 신앙의 유산을 물려주었는가?" 나중에 물려준다고 말하지 말라. 지금 물려주어야 한다. 요셉은 17세에 갑자기 부모와 생이별하였다. 그러나 그는 이미 부모에게서 신앙의 유산을 물려받았기에 애굽 땅에 노예로 팔려갔어도 믿음을 저버리지 않았다.

갑작스럽게 자녀에게 믿음의 유산을 물려줄 수 없는 순간이 온다. 그 순간은 아무도 모른다. 그래서 믿음의 유산은 나중에 물려주는 것이 아니라 어릴 때 물려주어야 한다.

나는 어릴 때 몸이 약해서 자주 아팠다. 그런 나를 위해 어머니는 매일 새벽예배를 다녀오신 후에 내 머리맡에서 눈물로 기도하셨다.

"하나님, 우리 원태에게 은혜를 베풀어 주옵소서!"

5형제 중에서 가장 몸이 약한 나를 안쓰럽게 여기셨던 어머니는 매일 나를 위해 기도해주셨다. 새벽기도를 다녀오신 어머니의 눈물이 내 얼굴에 떨어졌다. 나는 어머니의 눈물의 기도를 들었고 보았다. 어머니의 그 기도가 나를 하나님의 일을 하는 목사로 만들었다.

부모가 정말 기도하는 믿음의 사람이라면 그 자녀도 기도할 것이다. 자녀들은 부모의 "기도해라!" 하는 말을 듣고 기도하는 것이 아니라 부모의 '기도하는 모습'을 보고 기도한다. 만약 부모가 교회에서의 모습과 집안에서의 모습이 다른 위선적인 신앙생활을 한다면 그 자녀는 신앙을 버릴 것이다. 나는 우리 교회 부목사들에게 교인들의 진짜 믿음을 보려면 가장 먼저 그 교인 자녀들의 믿음을 보라고 말한다. 목사는 교인들의 겉모습을 보고 그들의 진짜 믿음을 금방 알 수 없다. 그러나 그 교인의 자녀를 보면 부모의 진짜 믿음을 알 수 있다. 부모와 한집에 사는 자녀는 부모의 믿음에 영향을 받게 되어 있다.

만약 내 아이에게 믿음이 없다면 모든 것이 부모의 책임이다. 오늘, 부모들은 자녀를 바라보며 이렇게 말하여야 한다.

"범인은 나다!"

당신의 자녀가 기도하지 않는가? 범인은 당신이다. 당신의 자녀가 순종하지 않는가? 범인은 당신이다. 자녀들에게 순종하라고 말로만 가르치지 말고 당신이 먼저 하나님의 말씀에 순종하는 삶을 살라. 당신의 자녀에게 재산을 물려주려고 노력하지 말고 당신이 매일 하나님 앞에 믿음의 삶을 살라. 그것이 바로 믿음의 유산을 물려주는 가장 고귀한 일이다.

부모가 자녀에게 꼭 남겨주어야 하는 그것

믿음은
삶에서
전달되어야 한다

믿음의 유산은 "교회에 가라"고 말로 해서 되는 것이 아니다. 삶에서 서서히 전달되어야 한다. 당신은 당신의 자녀에게 많은 재산을 물려주려고 하지 말고 믿음을 물려주라. 그것이 부모가 자녀에게 남겨줄 수 있는 최고의 유산이다. 믿음의 유산은 누구든지 물려줄 수 있다. 가난해도 상관없다. 실력이 없어도 상관없다. 세상 사람들의 눈에 띄지 않아도 괜찮다. 당신이 믿음의 유산을 물려줄 마음만 가지면 가능하다.

파스칼은 인간에게는 하나님만이 채울 수 있는 빈 공간이 있다고 했다. 어린아이라고 해서 예외는 아니다. 어린아이들도 사람은 어디에서 와서 무엇을 하다 어디로 가는지 알고 싶어 한다. 어린아이들도 남모를 공허가 있다. 어린아이들도 그 공백을 채우길 원하며, 또 하나님은 그 공백을 통해 각 사람과 대화하길 원하신다.

우리 자녀가 교회만 다니는 것으로 만족하면 안 된다. 우리 자녀가 기독교 문화를 아는 것으로 만족하면 안 된다. 그것은 무늬만 그리스도인일 뿐이다. 정말 스스로 하나님을 찾고 간절히 기도할 수 있어야 한다. 자녀 스스로 하나님을 체험해야 한다. 스스로 하나님의 음성을 들어야 한다. 스스로 하나님을 경외해야 한다. 스스로 하나님의 은총을 입는 것을 느껴야 한다.

아브라함은 아들 이삭에게 많은 재산과 함께 믿음을 물려주었다. 아들 이삭은 많은 재산이 있었지만 큰 기근이 와서 블레셋 왕을 찾아가서 도움을 구했다. 그 많던 재산이 다 사라졌다. 그러나 그에게는 믿음의 유산이 남아 있었다. 그가 하나님을 믿는 믿음으로 그 땅에 씨를 뿌렸는데 100배를 거두었다. 이것은 1년 만에 100년 치를 수확했다는 뜻이다. 엄청난 부를 부어주신 것이다. 이삭은 아버지의 재산이 아니라 믿음의 중요성을 깨닫게 되었다.

이삭의 아들 야곱은 형 에서의 미움을 받아 재산을 한 푼도 받지 못하고 삼촌 집으로 도망갔다. 그는 오직 하나님을 믿는 믿음 하나만 가지고 떠났다. 그런데 그가 고향으로 돌아올 때는 암염소 2백 마리, 암양 2백 마리, 암낙타 30마리, 암소 40마리, 암나귀 20마리

부모가 자녀에게 꼭 남겨주어야 하는 그것

등 엄청난 거부가 되어 돌아왔다. 그는 나중에 '이스라엘'이라는 나라의 시조가 되었다. 부유함은 재산에 있지 않고 믿음에 있다. 야곱의 아들 요셉은 17세에 아버지에게서 재산을 물려받을 틈도 없이 애굽으로 노예로 팔려갔다. 그가 받은 유산은 오로지 믿음 하나뿐이었다. 그 믿음이 그를 애굽 최고의 총리로 올라가게 하였다.

부모들이여, 자녀에게 믿음의 유산을 물려주라. 믿음의 유산 안에 부유함이 있고 명성이 있으며, 은혜가 있고 은총이 있다. 믿음의 유산 안에는 영원한 천국 기업이 있다. 자녀들에게 영적은 유산을 남기는 일을 미루지 말라. 오늘 자녀와 함께 영적인 대화를 나누어 보라. 오늘 구원의 확신을 점검해보라. 매일 밤 당신이 경험한 하나님을 자녀들에게 나누어보라. 하나님은 부모인 당신을 통해 당신의 자녀들을 영적인 거장으로 키우고 싶은 마음이 간절하다. 최고의 기회는 매일 지나가고 있다. 당신의 자녀들을 영적인 거장으로 만들라. 그것이 부모에게 주어진 최대의 미션이다.

시각장애인으로 태어난 백사경 씨는 점을 치는 점쟁이었다. 그가 점 잘 보기로 유명하여 돈을 많이 벌게 되자, 아들과 아내를 버리고 다른 여자를 첩으로 두고 따로 살게 되었다. 그러던 어느 날 누군가 "당신의 영혼과 후손들의 장래를 생각해서 점치는 생활을 청산하고 예수를 믿으시오"라고 전도했다. 그러나 백 씨는 전도자에게 큰

소리로 야단을 치며 거부했다. 그러자 전도자도 지지 않고 "당신이 계속 이렇게 살면 죽어서 지옥 가는 것은 물론이고, 자손도 모두 망할 것이오"라고 말하며 예수님을 믿어야 한다고 권유했다.

그런데 이 일이 있고 난 뒤부터 백 씨는 밤이면 잠을 이루지 못했다. 잠만 자려고 하면 그 전도자의 소리가 자꾸 귀에 쟁쟁하게 울리는 것이었다.

"이렇게 살면 지옥 가는 것은 물론이고 자식도 망할 것이요."

그 소리가 밤마다 들려와 견딜 수가 없었다. 그는 결국 교회로 찾아갔다. 교회에 나온 그날 점쟁이 백사경 씨는 회개하고 예수님을 믿기로 작정했다. 그 후 백 씨는 점치는 일을 그만두고 그동안 모은 모든 재산을 교회를 짓는 데 헌금하고 가난하게 살았다. 이 소식을 들은 맥힌이라는 미국 선교사가 백 씨를 교회에서 일하는 사찰로 섬기게 했다.

그리고 그의 아들에게는 영어를 가르치고 영창중학교에 입학시켜 공부하게 했다. 졸업 후 선교사는 그를 미국으로 유학을 보내, 유명한 프린스턴대학과 예일대학에서 공부하게 하였다. 백 씨의 아들은 귀국하여 연세대 초대총장이 되었다. 점쟁이 백사경 씨가 돈을 의지하고 살던 것을 버리고 하나님을 붙잡았을 때 점쟁이 가문에서 일류대학의 총장이 나오는 가문으로 은혜를 입은 것이다.

믿음의
선배들을 통해
가르치라

▶ 말씀과 기도와 찬송 속에 자란 모세

애굽의 바로 왕은 이스라엘 백성의 숫자가 점점 많아지자 산파들을 불러 아이가 태어날 때 남자아이는 죽이고 여자아이만 살려두라고 하였다. 이런 암울한 시기에 모세는 아버지 아므람과 어머니 요게벳 사이에서 남자아이로 태어났다. 모세의 부모는 석 달 동안 모세를 숨겨 키우다가 아이의 울음소리가 점점 커져 더 이상 숨길 수 없게 되자 갈대 상자에 모세를 넣어 나일 강가 갈대 사이에 두었다. 마침 강가에서 목욕하던 바로의 공주가 모세를 태운 갈대 상자를 발견하였다. 바로의 공주는 그 아이가 히브리인의 아이인 것을 알았지만 그 아이를 건져 자기 양아들로 삼았다. 왜냐하면 애굽인들은 나일 강을 신성시하였기 때문이다.

모세의 누이 미리암은 곧바로 공주에게 유모가 필요하지 않으냐고 물었다. 공주는 모세에게 젖을 줄 유모가 필요하였기에 곧바로 유모를 데려오라고 하였다. 모세의 어머니는 바로의 공주에게 삯을 받고 모세를 키웠다. 모세의 어머니는 제한된 시간에만 모세를 품에 안을 수 있었다. 요게벳이 모세를 품에 안고 무엇을 하였겠는가? 요게벳은 그냥 품삯을 받기 위해 모세를 안고 있는 것이 아니었다. 다른 모든 히브리인 남자아이는 죽어가는데 혼자 왕궁에 살아남을 모세를 안고 요게벳은 무슨 생각을 하였겠는가?

그녀는 이 아이가 자기 민족을 이끌 인물이라는 것을 짐작하였다. 그녀는 모세를 품에 안을 때마다 눈물의 기도를 하였다. 모세는 요게벳의 눈물의 기도를 먹고 자랐다. 요게벳은 모세를 품에 안고 재울 때마다 눈물의 찬송을 불렀다. 모세는 엄마 품에서 눈물의 찬송을 들으며 자랐다. 요게벳이 모세를 품에 안고 있을 때마다 흥얼거리는 노래가 있었다. 그것은 바로 하나님의 말씀을 암송하는 노래였다. 모세는 어린 시절 하나님의 말씀을 뼛속에 심었다. 모세가 어린 시절 들었던 하나님의 말씀과 기도와 찬송이 모세 인생의 토양이 되었다. 그는 아직 어려서 그 노래와 기도의 내용이 무엇인지 잘 몰랐지만 그의 마음 깊숙한 곳에 자리 잡았다. 요게벳은 자신의 친아

부모가 자녀에게 꼭 남겨주어야 하는 그것

들 모세에게 돈은 물려주지 못하지만 기도를 쌓아두었다. 요게벳은 모세에게 신앙을 물려줄 수 있는 환경이 되지 않았지만 틈만 나면 하나님의 말씀을 노래로 불러주었다.

부모가 자녀를 위해 뿌려 놓은 눈물의 기도는 평생 사라지지 않는다. 지금 당신의 자녀가 당신 품 안에 있는가? 그렇다면 당신에게는 엄청난 기회가 있다. 그 자녀를 품에 안고 기도를 쌓으라. 그 기도는 반드시 응답이 될 것이다. 지금 당신의 자녀가 당신을 품을 떠났는가? 조금 늦은 감이 있긴 하지만 아직도 기회가 있다. 기도는 시간과 공간을 초월해서 역사한다. 부모가 기도할 때 하나님은 그 자녀를 위해 일하기 시작하신다. 부모의 기도가 있는 자녀는 결코 망하지 않는다.

모세는 나이 마흔에 자신이 히브리인임을 알게 되었다. 그는 어린 시절 유모를 통해 들었던 노래를 부르는 무리를 알았다. 그는 어린 시절 유모를 통해 암송한 말씀을 암송하고 있는 자들을 알았다. 그들이 바로 자기 형제임을 알았다. 모세의 나이가 여든이 되었을 때 떨기나무에 타오르는 불을 통해 하나님의 음성을 듣게 되었다. 모세는 그날 이후 인생이 달라졌다. 모세의 인생에 하나님이 나타나심은 우연이 아니다. 하나님은 기도가 쌓인 자에게 역사하신다. 하나님은 기도가 쌓인 자를 사용하신다. 부모여, 자녀를 위해 눈물의 기도를 하라. 눈물로 씨를 뿌리는 자는 기쁨으로 단을 거둔다.

▶ 걱정 목록이 기도 목록이 되어 태어난 사무엘

모세가 죽고 여호수아가 이스라엘 백성을 이끌고 가나안에 들어가 가나안 땅을 정복하고 그 땅을 다 차지하였다. 여호수아가 죽은 뒤 이스라엘 백성은 가나안 땅의 사람들과 혼인하며 타락하기 시작하였다. 이 시기에 사사들이 등장하여 이스라엘 백성을 이끌었다. 이스라엘 백성은 하나님을 향한 믿음을 버리고 자기 생각대로 마음대로 행동하며 살았다. 그런 혼탁한 시기에 엘가나라는 사람이 있었다. 그에게는 한나와 브닌나라는 두 명의 아내가 있었다. 이스라엘 사람이 아내가 두 명 있었다는 것은 그 시대의 타락상을 말해준다.

엘가나의 첫째 부인 한나에게는 아이가 없었다. 둘째 부인 브닌나는 아들이 없는 한나를 구박하였다. 한나는 아들이 없으므로 밤낮 눈물이 그녀의 음식이 되었다. 한나는 날로 야위어갔다. 엘가나의 집안에는 참 행복이 없었다. 하루는 한나가 성전에 올라가 눈물로 하나님께 부르짖으며 기도하였다. 어찌나 슬피 울었던지 제사장 엘리가 볼 때 술에 취한 것 같았다. 한나는 걱정 목록을 기도 목록으로 바꾸었다. 당신에게 특별한 문제가 생겼는가? 특별한 문제는 하나님께서 하나님의 위대한 일을 시작하시겠다는 사인이다. 한나는 자신에게 아들을 주신다면 그 아이를 하나님께 바치겠다고 서원하였다. 한나가 간절히 기도하자 하나님께서 한나의 기도를 들으셨고 사무엘이 태어났다.

부모가 자녀에게 꼭 남겨주어야 하는 그것

한나는 자기 서원대로 사무엘이 젖을 떼자 곧바로 엘리 제사장이 있는 성전에 보냈다. 당신이 한나라면 어떻게 하겠는가? 한나가 사무엘을 엘리 제사장 밑에 보내지 않을 이유는 충분하였다. 사무엘은 하나밖에 없는 외아들이다. 엘리 제사장에게는 영성이 없었다. 엘리 제사장의 아들들은 평판이 좋지 않았다. 여러 가지 이유를 댈 수 있었지만 한나는 서원대로 사무엘을 성전에 드렸다.

한나는 일 년에 한 번 성전에 가서 아들 사무엘을 만났다. 한나는 사무엘을 만날 때마다 맛있는 음식과 옷을 준비해왔다. 자기 앞에서 순식간에 음식을 먹어치우는 어린 사무엘을 보는 한나의 마음이 어떠했겠는가? 한나는 어린 사무엘을 두고 떠나면서 무슨 말을 했을 것 같은가? 만약 당신이 한나이고 당신 자녀가 사무엘이라면 무엇을 말하겠는가?

"아이고, 내가 정신 나갔지. 괜히 아들을 낳으면 하나님께 드린다고 서원해서 니가 이런 고생을 하는구나."

"영성이 없는 엘리 제사장에게는 배울 것이 없단다."

"못된 홉니와 비느하스를 가까이하지 말거라."

"사무엘, 너를 보고 싶어 내가 죽게 되었구나."

아마도 한나는 눈물을 흘리는 어린 사무엘에게 이렇게 말하지 않았을까?

"아들아, 너는 기도의 응답으로 태어난 특별한 아이란다!"

"아들아, 울지 마라. 나는 매일 한순간도 너를 잊지 않고 너를 위해 기도하고 있단다!"

"너는 그냥 평범한 아이가 아니다. 이 시대를 살릴 하나님의 대안이란다!"

"기도가 쌓인 사람은 결코 초라하게 살지 않는단다!"

"엄마는 오늘 너를 떠나지만 너는 결코 혼자가 아니다. 하나님께서 함께하신다!"

"아들아 잊지 마라. 하나님께서 너를 항상 최고의 길로 인도하신다는 것을!"

또 사무엘이 예민한 십대가 되었을 때는 이렇게 말했을 것이다.

"사무엘, 틈만 나면 기도하여라. 너는 평범한 사람이 아니란다. 너는 이 시대를 책임질 인물이 될 것이다. 너에겐 엄청난 기도가 쌓여 있단다!"

한나는 사무엘을 만날 때마다 큰 믿음을 주었다. 한나는 사무엘을 만날 때마다 기도의 도전을 주었다. 일 년에 한 번씩 나타나 사무엘에게 자존감을 주고 기도로 응원하고 있음을 말하는 한나의 말에 사무엘은 점점 큰 인물로 성숙해갔다. 결국 사무엘은 기도하다 하나님의 음성을 듣게 되는 엄청난 사람이 되었다.

나중에 사무엘은 하나님의 음성을 듣고 하나님을 경험하였다. 그는 사사 전국시대를 끝내고 선지자 시대를 여는 영적 거장이 되었다. 사무엘과 아주 대조적인 사람이 엘리 제사장의 아들들이다. 사무엘은 평범한 가정의 평범한 아들로 태어났다. 엘리 제사장의 아들들은 특별한 가정의 특별한 자녀로 태어났다. 사무엘은 가난한 어린 시절을 보냈지만 그에게는 어머니가 물려준 영성이 있었다. 엘리 제사장의 아들들은 특별한 가정에서 태어났지만 그들에게는 영성이 없었다. 결국 엘리 제사장의 아들들은 전쟁에서 죽음으로 비참하게 인생을 마쳤고, 반면에 평범한 자녀로 태어난 사무엘은 사울과 다윗에게 기름을 붓는 선지자가 되었으며, 온 이스라엘이 존경하는 위대한 인생을 살았다.

지금 당신의 가정이 평범한가? 당신의 자녀가 초라하게 태어났는가? 한나는 기도로 평범한 가정을 위대한 가정으로 바꾸었다. 신분보다 중요한 것은 영성이다. 신앙을 물려받은 자녀는 망하지 않는다. 신앙을 물려받은 자녀는 평범한 가정에서 태어나도 비범한 삶을 살게 된다. 자녀의 위대함은 부모인 당신이 신앙을 가지고 기도할 때 시작된다.

한나의 남편은 위대한 사람이 아니다.
그러나 한나가 믿음을 가지고 기도하는 삶을 살았을 때
그 가정은 사무엘상이라는 성경책을 여는 가문이 되었다.

사무엘이 태어남으로 사사시대가 끝나고 선지자의 시대가 열렸다. 당신이 세상적으로 비범하거나 위대하지 않아도 된다. 당신의 자녀에게 신앙을 물려준다면 당신의 자녀는 위대한 길로 들어서게 될 것이다.

▶ 환경보다는 하나님을 의지한 다니엘

다니엘은 17세 정도의 나이에 나라가 무너지는 것을 보았다. 남유다 전체가 바벨론의 왕 느부갓네살에 의해 짓밟혔다. 수도가 함락되고 성전이 파괴되었다. 그리고 왕족과 귀족의 자녀들이 바벨론 땅으로 끌려갔다. 이때 다니엘도 포로로 끌려갔다. 포로로 잡혀가는 대부분의 아이들은 쇠사슬에 묶여 황량한 광야를 터벅터벅 걸어갈 때 '이제 우리 인생은 끝이다'라고 생각했을 것이다. 안락한 가정생활이 다 깨져버렸다. 가족과 생이별하게 되었다.

그들이 끌려간 이방 땅은 하나님을 섬기는 분위기는 찾아볼 수 없고 이방종교의 우상과 음란과 부도덕이 그들의 시야를 꽉 채웠다. 다니엘과 그의 친구들은 자신들을 둘러싼 환경이 자신들의 의지와는 달리 이미 악한 것이 가득한 장소로 결정되어 있었다. 그러나 어릴 때부터 부모의 신앙을 물려받은 다니엘의 마음에는 환경과 관계없이 여전히 하나님이 가득 차 있었다.

당신의 교육환경이 엉망인가? 믿음의 사람은 환경을 탓하지 않는다. 믿음의 사람은 가정을 탓하지 않는다. 당신의 환경이 아무리 어려워도 낙심하지 말라. 하나님은 어디에나 당신과 함께하신다. 다니엘은 이런 절망적인 상황에서도 신앙의 유산을 물려받았기에 이방 문화로 자신을 더럽히지 않겠다고 뜻을 정하였다.

> "다니엘은 뜻을 정하여 왕의 음식과 그가 마시는 포도주로 자기를 더럽히지 아니하리라 하고 자기를 더럽히지 아니하도록 환관장에게 구하니"(단 1:8).

포로로 잡혀간 비극적인 인생이었지만 다니엘은 염려, 근심, 걱정, 두려움에 빠지기보다 오히려 그 비극을 하나님을 체험하는 기회로 삼았다.

> 당신의 인생에 큰 어려움이 나타났는가?
> 하나님을 체험할 소중한 기회이다.
> 당신의 자녀에게 큰 어려움이 닥쳤는가?
> 걱정하지 말고 하나님을 체험할 기회라고 말해주라.

다니엘은 어린 나이에 나라를 잃고 부모를 잃고 신앙의 자유를 잃었다고 절망하거나 낙심하지 않고 오히려 마음의 뜻을 정하였다.

그는 상황이 어렵다고 그저 먹고살 생각만 하지 않았다. 오히려 하나님을 기쁘시게 할 생각을 하였다. 그는 이방신상 앞에 바쳐진 더러운 재물을 먹지 않겠다고 결심하였다. 이것은 거룩한 결심이다. 이것은 하나님을 기쁘시게 하는 결심이다. 하나님은 능력 있는 사람보다 깨끗한 클린보이를 원하신다.

> "누구든지 이런 것에서 자기를 깨끗하게 하면 귀히 쓰는 그릇이 되어 거룩하고 주인의 쓰심에 합당하며 모든 선한 일에 준비함이 되리라"(딤후 2:21).

크게 성공하려고 하지 말고 하나님께 잘 보일 생각을 하라. 이렇게 뜻을 정하고 행동으로 옮기고 기도한 다니엘에게 어떤 일이 일어났는가?

> "하나님이 다니엘로 하여금 환관장에게 은혜와 긍휼을 얻게 하신지라"(단 1:9).

하나님을 기쁘시게 하는 행동을 하면 하나님께서 은혜를 베풀어 주신다. 다니엘을 지키는 환관장이 갑자기 다니엘에게 호의를 가지고 대하였다. 환관장이 다니엘의 부탁을 들어줄 이유가 없다. 그가 왕의 명령을 어기고 포로들에게 왕의 진미를 먹이지 않았다는 말이 왕에게 들어가면 목을 내놓아야 한다. 그가 다니엘의 말을 들어야 하는 이유는 전혀 없었다. 그런데 그가 다니엘을 돕는 자가 되었다. 이것이 하나님께서 베푸시는 은혜이다. 아무리 어려운 환경에도 하나님의 은혜는 있다. 하나님의 은혜는 고갈되지 않는다.

하나님께서 은혜를 베풀어주시면 생각하지 않은 만남이 나타난다. 하나님께서 은혜를 베풀어주시면 과분한 만남이 일어난다. 하나님께서 은혜를 베풀어주시면 방해하는 자가 돕는 자로 변한다. 인생은 노력한다고 되는 것이 아니다. 인생에는 하나님의 은혜가 필요하다. 당신의 자녀가 잘되길 원하는가? 그렇다면 믿음으로 살아 하나님의 은혜를 누리는 자가 되게 하라.

> "하나님이 이 네 소년에게 학문을 주시고 모든 서적을 깨닫게
> 하시고 지혜를 주셨으니 다니엘은 또 모든 환상과 꿈을 깨달
> 아 알더라"(단 1:17).
> "왕이 그들에게 모든 일을 묻는 중에 그 지혜와 총명이 온 나
> 라 박수와 술객보다 십 배나 나은 줄을 아니라"(단 1:20).

하나님은 거룩한 뜻을 정하고 행동하는 자에게 지혜를 주신다. 하나님을 믿는 자는 하나님과 가까워지기에 하나님의 지혜가 그냥

들어온다. 길을 걷다가도 뛰어난 아이디어가 떠오르고 누워서도, 눈을 감아도 하나님의 아이디어가 쏟아져 들어온다. 다니엘은 지혜가 얼마나 뛰어났던지 보통 사람들의 열 배의 지혜가 쏟아졌다고 기록하고 있다. 우리가 보통 사람들보다 두 배의 지혜를 가진다면 온 세상이 발칵 뒤집힐 정도로 뛰어난 천재가 된다. 그런데 다니엘이 열 배의 지혜를 가졌으니 얼마나 놀랐겠는가?

지혜와 지식은 다르다. 지식은 백과사전을 한 페이지 한 페이지 알아가는 것이지만 지혜는 위로부터 쏟아져 들어오는 판단력이다. 다니엘이 가진 지혜는 공부로 얻을 수 있는 것이 아니고, 경험으로도 얻을 수 있는 것도 아니며, 오직 위로부터 아버지에게서 나오는 것이다. 이런 지혜를 가진 자가 세상을 다스리게 된다. 당신의 자녀에게 이런 지혜를 가지게 하라. 결국 다니엘은 적군에 포로로 잡혀가서도 그 나라에서 가장 높은 총리의 자리에 오르게 되었다. 지금 온 세상은 다니엘처럼 지혜를 가진 자를 찾고 있다. 당신의 자녀를 하나님의 사람이 되게 하라. 당신이 부모라면 자녀에게 무엇보다도 신앙을 물려주라. 그것이 최고의 유산이다.

지금 이집트의 수도인 카이로는 현재 아랍권에서 가장 많은 사원이 있다. 90%의 사람들이 모두 모슬렘이다. 이렇게 모슬렘이 많은 카이로에서 오랫동안 믿음을 지켜온 꼽틱교회가 있다. 이 꼽틱교

부모가 자녀에게 꼭 남겨주어야 하는 그것

회 교인들은 이단으로 규정되어서 수많은 핍박과 고난을 받아왔다. 지금도 여전히 꼽틱교회는 테러의 위험을 겪고 있다. 그런데 이 교회의 교인 숫자는 전혀 줄어들지 않는다. 그 교회 자녀들이 모두 예수님을 믿기 때문이다. 미국에는 예수 믿는 사람이 많았지만 지금은 숫자가 현저히 줄어들었고, 한국도 1970~1980년도에 예수님을 믿는 성도의 숫자가 많아졌다가 지금은 줄어들었다. 그 이유는 자녀에게 믿음을 전수하지 못하였기 때문이다.

그렇다면 꼽틱교회 교인들은 어떻게 자녀에게 믿음을 전수하였을까? 꼽틱교회 교인들은 자녀가 태어나면 빠르면 2주 안에, 늦어도 아이가 일곱 살 정도 될 때까지 손목 안쪽에 바늘로 파란 십자가 문신을 새겨 넣었다. 어린아이들은 아무런 이유도 모른 채 문신을 새길 때 큰소리로 울곤 했다. 과거에는 불로 십자가 형상을 새겼다고 한다. 손목에 십자가 문신을 새기면 주위 사람들에게 자신이 기독교인이라는 것을 드러내는 것이다. 이슬람 문화권에서는 기독교인이라는 것이 알려지면 직장에서 쫓겨남은 물론이고 결혼도 할 수 없다. 꼽틱교회 교인들이 자기 자녀들에게 십자가 문신을 새기는 것은 사회에서 차별 대우를 당해도, 핍박과 고난을 당해도, 가난과 멸시를 당해도 예수님을 믿고 천국에 들어오라는 것이다. 그래서 꼽틱교회는 아무리 핍박이 심해도 교인들의 숫자가 줄어들지 않는다.

당신의 자녀에게 무엇보다도 믿음의 유산을 물려주길 바란다. 그것이 당신이 자녀에게 남겨줄 최고의 유산이다. 믿음의 유산은 믿음만 있다면 누구든지 물려줄 수 있다. 가난해도 상관없다. 실력이 없어도 상관없다. 세상 사람들의 눈에 띄지 않아도 괜찮다. 당신이 믿음의 유산을 물려줄 마음만 있으면 가능하다.

부모들이여, 자녀들에게 믿음의 유산을 물려주라. 믿음의 유산 안에 부유함이 있고 명성이 있으며, 은혜가 있고 은총이 있다. 믿음의 유산 안에는 영원한 천국 기업이 있다. 당신의 자녀에게 영적인 유산을 남기는 일을 미루지 말라. 하나님은 부모인 당신을 통해 당신의 자녀를 영적인 거장으로 키우고 싶은 마음이 간절하다. 최고의 기회는 매일 지나가고 있다. 당신의 자녀를 영적인 거장으로 만들라. 그것이 부모에게 주어진 최대의 미션이다.

당신이 아직 결혼하지 않은 청년이라면 미래 당신의 자녀들이 영적인 거장이 되는 비전을 품으라. 당신이 태어난 가정보다 앞으로 당신이 이루어야 할 가정이 더 중요하다. 이 땅만을 위해 살지 말고 영원을 위해 사는 진정한 승리자가 되라.

아브라함 링컨은 가난한 농부의 아들로 태어나 돈도 없고 실력도 없고 학력도 없었지만 믿음의 어머니로부터 믿음의 유산을 받았다. 그 유산이 그로 하여금 미국에서 가장 존경받는 대통령이 되게 만들었다. 후에 링컨은 이렇게 말했다.

"나는 어머니의 기도를 기억한다. 그 기도는 언제나 나를 따라다녔고, 평생 나에게서 떨어지지 않았다."

"신앙심이 깊은 어머니를 둔 사람은 그 누구도 가난하지 않다."

요한 웨슬레의 어머니 수잔나 여사는 19명의 자녀를 두었다. 그 중에 6명은 죽고 13명을 키웠다. 그녀의 남편은 탄광촌 순회전도자였다. 그래서 자주 집을 비우고 돈도 거의 주지 않았다. 그녀는 극심한 가난 속에 살았지만 하나님을 붙잡았다. 그녀는 13명의 자녀가 잠들면 아무리 피곤해도 성경을 읽고 묵상했다. 그녀는 부엌에서 치마보를 뒤집어쓰고 기도하였다. 자녀들은 어머니가 부엌에서 치마보를 뒤집어쓰고 있으면 기도하는 중이라는 것을 알았다.

그녀는 가난 속에서도 절망하지 않았다. 그녀는 가난 속에서 누구도 원망하지 않았다. 오히려 믿음을 붙잡고 감사하며 살았다. 그녀는 믿음의 1세대로 살았다. 그러자 그녀에게서 한 시대를 이끌었던 요한 웨슬레와 찰스 웨슬레가 나왔다.

당신 가문의 과거는 바꿀 수 없다. 그러나 당신 가문의 미래는 바꿀 수 있다. 그것은 믿음의 유산을 물려주는 것이다. 아이는 당신의 자녀이기도 하지만 하나님의 소중한 자녀이다. 당신의 자녀는 우연히 태어난 존재가 아니다. 그들은 공장에서 대량생산된 공산품이 아니다. 그들은 세상에서 최고의 위대한 예술가인 하나님에 의해 신중하게 지음받은 자이며, 특별한 재능을 부여받은 존재이다. 당신의 자녀는 하나님의 애정이 담뿍 담긴 존재로 이 세상에 파송된 자들이다. 그들은 하나님의 꿈을 이루기 위해 태어난 자들이다. 그들을 영적 거장으로 살게 하라. 그것이 당신에게 주어진 최고의 미션이다.

부모가 자녀에게 꼭 남겨주어야 하는 그것

자녀를 향한
거룩한 환상을 보라

우리 한국교회의 현실을 보면 행복하지 않다. 교회마다 다음세대가 줄어들고 있고 교단마다 마이너스 성장을 말하고 있다. 교회의 구조가 다음세대보다 기성세대가 많은 역피라미드 구조를 보이고 있다. 정말 위험한 건물이 되어버렸다. 이럴 때 우리는 지금 세대보다 다음세대가 더 나은 환상을 보아야 한다.

1885년 4월 5일, 언더우드 선교사가 인천항에 도착해 한국을 돌아보고 난 뒤에 떠오른 생각을 쓴 시를 소개하고자 한다. 제목은 〈보이지 않는 조선의 마음〉이다.

오 주여, 지금은 아무것도 보이지 않습니다.

주님, 당신은 메마르고 가난한 땅,

나무 한 그루 시원하게 자라 오르지 못하고 있는 땅에

저희를 옮겨와 앉히셨습니다.

그 넓고 넓은 태평양을 어떻게 건너왔는지

그 사실이 기적입니다.

주께서 붙잡아 뚝 떨어뜨려 놓으신 듯한 이곳,

지금은 아무것도 보이지 않습니다.

보이는 것은 고집스럽게 얼룩진 어둠뿐입니다.

어둠과 가난과 인습에 묶여 있는 조선 사람들뿐입니다.

그들은 왜 묶여 있는지도,

그것이 고통이라는 것도 모르고 있습니다.

고통이 고통인 줄 모르는 자에게

고통을 벗겨주겠다고 하면 의심부터 하고 화부터 냅니다.

조선 남자들의 속셈이 보이지 않습니다.

이 나라 조정의 내심도 보이지 않습니다.

가마를 타고 다니는 여자들을

영영 볼 기회가 없으면 어쩌나 합니다.

조선의 마음이 보이질 않습니다.

그리고 저희가 해야 할 일이 보이지 않습니다.

부모가 자녀에게 꼭 남겨주어야 하는 그것

그러나 주님, 순종하겠습니다.
겸손하게 순종할 때 주께서 일을 시작하시고,
그 하시는 일을 우리의 영적인 눈이 볼 수 있는
날이 있을 줄 믿나이다.
"믿음은 바라는 것들의 실상이요,
보지 못하는 것들의 증거이니…"라고 하신 말씀을 따라
조선의 믿음의 앞날을 볼 수 있게 될 것을 믿습니다.

지금은 우리가 서양 귀신이라고
손가락질을 받고 있사오나
저들이 우리 영혼과 하나인 것을 깨닫고
하늘나라의 한 백성, 한 자녀임을 알고
눈물로 기뻐할 날이 있음을 믿나이다.
학교도 없고 그저 경계와 의심과 멸시와
천대만이 가득한 곳이지만
이곳이 머지않아 은총의 땅이 되리라는 것을 믿습니다.
주여! 오직 제 믿음을 지켜주소서.

130년 전에 언더우드 선교사가 한국에 들어와서 쓴 시다. 그 당시 한국의 삶은 너무나 가난하고 비참하였다. 미국 사람이 한국에

와서 사는 것은 너무나 큰 희생을 치러야 했다. 언더우드 선교사는 병원도 없고 학교도 없는 열악한 조선에 들어와 양놈이라는 소리를 들으면서도 조선이 머지않아 은총의 땅이 될 것을 환상으로 바라보았다. 그는 한국어도 모르고 문화도 색다른 삭막한 땅에 발을 딛고 환상을 보았다.

큰 인물은 눈에 보이는 현실에서 낙심하기보다 더욱 나은 미래를 생각하며 환상을 보아야 한다. 지금의 어려운 현상을 보는 것은 누구나 할 수 있다. 어려운 현실 너머에 남들이 보지 못하는 환상을 보는 것이 중요하다.

부모가 자녀에게 꼭 남겨주어야 하는 그것

자녀가
현실 너머 환상을
보게 하라

우리 현실을 보면 정말 암울하다. 지금 한국의 기독교는 늙어가고 있다. 유럽의 기독교는 이미 죽었고, 미국의 기독교 또한 죽어가고 있으며, 이제 한국의 기독교 차례이다. 이럴 때 우리는 무엇을 해야 하는가? 환상을 보아야 한다. 어두울수록 환상을 보아야 한다. 당신은 요즘 환상이 있는가? 사람들을 만나면 무슨 말을 하는가? 옛날 추억을 말하는가? 미래의 환상보다 추억을 많이 말한다는 것은 이미 죽기 시작했다는 것이다.

젊은이는 환상을 보아야 한다. 옛날에 갇혀 살지 말고 미래를 향해 살아야 한다. 모세는 죽는 그날까지 시력이 쇠하지 않았다고 하였다. 그 얘기는 모세가 시력이 좋았다기보다 그의 환상이 멈추지 않았다는 뜻이다. 그는 느보 산에서 이스라엘 백성들이 요단강을 건너갈 것을 환상으로 보았고, 이스라엘 백성들이 가나안 땅을 차지하는 환상을 보았다. 정말 모세가 본 그 환상대로 이스라엘 백성들은 요단강을 건너 가나안 땅을 차지하였다.

우리는 지금의 현실과 상관없이 환상을 보아야 한다. 환상이 있는 사람은 사는 것이 신나고 삶에 에너지가 넘친다. 하나님은 당신이 추억이나 나누며 토닥거리기보다 환상을 바라보며 흥분되는 삶을 살길 원하신다. 이제 우리 한국교회는 놀랍게 급성장한 교회 자랑을 버리고 무너져가는 현실 속에서 다시 한번 부흥할 한국교회에 대한 환상을 가져야 한다. 그 일에 당신의 자녀가 쓰임받을 환상을 보아야 한다. 성경 전체에 흐르는 변하지 않는 한 가지 약속이 있다. 그것은 하나님께서 자기 백성과 항상 함께하시며 그들을 결코 떠나지도 버리지도 않으신다는 사실이다.

이와 관련해서 허드슨 테일러는 이런 말을 하였다. "하나님의 모든 거인은 그분이 함께하심을 믿고 하나님을 위해 놀라운 일을 행한 약자들이었다." 요한 웨슬레 또한 그의 생애 마지막에 이런 말을 남겼다. "만물 가운데 가장 좋은 것은 하나님께서 우리와 함께하신다는 것이다."

하나님께서 우리와 함께하신다는 약속의 말씀이 있기에 우리는

부모가 자녀에게 꼭 남겨주어야 하는 그것

그것을 믿어야 한다. 말씀은 그냥 믿으면 된다.

"세상 끝날까지 너희와 항상 함께 있으리라"(마 28:20).

130년 전 조선 땅에 온 언더우드가 아무런 소망도 없는 땅이 희망이 넘치는 장소가 될 것을 환상으로 보았듯이 우리도 환상을 보아야 한다. 에스겔이 본 환상이 많은데 그중에서도 가장 유명한 환상이 골짜기의 마른 뼈들이 살아나는 환상과 예루살렘 성전에서 생수가 흘러나와 온 들판과 산과 죽은 사해까지 살려내는 환상이다.

사실 에스겔은 이런 환상을 보고 신이 날 형편이 아니었다. 그의 상황은 고통스러운 포로생활 중에 있었고, 하루도 아니고 22년 동안 계속 예언하며 살았다. 그가 예언한다고 상황이 달라지는 것은 없었다. 거기에다 사랑하는 아내마저 죽고 말았다. "내가 아침에 백성에게 말하였더니 저녁에 내 아내가 죽었으므로 아침에 내가 받은 명령대로 행하매"(겔 24:18). 그러나 그는 여전히 환상을 보았고, 그 환상으로 인해 소망을 가졌다.

우리는 상황이 아무리 어렵고 힘들고
고통스러워도 환상을 가져야 한다.

마른 뼈가 살아나는 환상을 보라. 마른 뼈는 죽은 지 오래된 뼈를 말한다. 마른 뼈는 도무지 살 수 없는 뼈를 말한다. 당신이 예수님을 믿는가? 당신에게 성령님이 계시는가? 그렇다면 환상을 보라. 거룩한 환상을 가지라. 에스겔은 성전에서 흘러나오는 생수가 성전을 살리고 들판을 살리며, 산을 살리고 나무를 살려서 엄청난 열매를 맺게 하고, 죽은 사해 바다까지 살리는 환상을 보았다. 그 생수가 바로 성령 하나님이시다.

부모가 자녀에게 꼭 남겨주어야 하는 그것

환상이 있는 사람은 위대한 인생을 산다

당신이 다니는 교회에 대해 부정적인 생각을 해서는 안 된다. 당신의 미래에 대해 어두운 생각도 초청하지 말아야 한다. 우리는 가정이 살아나고 교회가 살아나며 민족이 살아나는 환상을 보아야 한다. 사도 바울은 사도행전 16장에서 "와서 우리를 도우라"는 마게도냐인의 환상을 보았다. 그 환상을 보고 간 곳이 바로 마게도냐에 있는 빌립보였다. 정말 바울에게 도와달라는 자가 있었는가? 그러면 그 환상은 무엇인가? 그 환상은 유럽 전체를 향한 하나님의 부르심이었다. 바울은 그 환상 때문에 유럽 전역에 복음을 전하게 되었다.

미국에서 존경하는 사람을 말하라고 하면 링컨을 말하고, 또 마틴 루터 킹 목사를 말한다. 마틴 루터 킹 목사는 흑인이다. 그런데 왜 미국의 백인들도 그를 그렇게 존경하는가? 마틴 루터 킹은 침례교 목사의 아들로 태어나 1930년대와 1940년대를 미국 남부에서 보냈다. 그는 남부에서 살았던 다른 흑인들과 마찬가지로 다양한 인종차별에 대해 잘 알고 있었다. 그는 여섯 살 때 한 백인 친구의 부모가 그들이 놀고 있는 중간에 끼어들어 화를 내면서 킹에게 다시는 자기 아들과 놀지 말라는 꾸중을 들었고, 열한 살 때는 한 백인 소녀가 이유 없이 자신을 때리면서 깜둥이라고 놀리는 경험을 하였다.

킹 목사는 흑인들의 불편을 들었고, 그 고통을 보았으며, 자신이 직접 경험하기도 하였다. 그는 보스턴대학에서 신학 박사학위를 받은 뒤 목회를 시작했다. 그 후 그는 흑인들의 지도자가 되어 인종차별 철폐를 외치는 정치적 지도자가 되었다. 그는 환상의 사람이었다. 1963년 8월 28일, 킹 목사는 링컨 기념관에서 이렇게 외쳤다. "나에게는 꿈이 있습니다(I have a dream). 내 자녀들이 피부 색깔로 판단 받지 않고, 그들의 인품으로 판단되는 나라에 사는 것을 꿈꿉니다. 나에게는 꿈이 있습니다. 백인 아이와 흑인 아이가 함께 형제자매처럼 손잡고 걸을 수 있는 날이 오기를…."

"골짜기마다 돋우어지며 산마다, 언덕마다 낮아지며 고르지 아니한 곳이 평탄하게 되며 험한 곳이 평지가 될 것이요 여호

부모가 자녀에게 꼭 남겨주어야 하는 그것

와의 영광이 나타나고 모든 육체가 그것을 함께 보리라. 이는 여호와의 입이 말씀하셨느니라"(사 40:4-5).

마틴 루터 킹의 위대함은 그의 분명한 꿈에 있다. 그가 죽은 지 꽤 오랜 시간이 지났지만 미국인들은 마틴 루터 킹의 날을 공휴일로 정하고 가슴 깊이 그를 존경하고 있다. 환상이 있는 사람은 위대한 인생을 살지만 환상이 없는 사람은 사나마나 한 초라한 인생을 산다.

사람은 동물과 다르게 몇 십 년 후를 향한 꿈을 꾸며 환상을 본다. 사람은 환상을 갖는 순간부터 행복해진다. 나는 한국의 미래를 생각하면서 우울함에 빠지는 자가 되고 싶지 않다. 한국의 모든 국민이 함께 예배드리는 날이 오길 기대하고, 그런 날을 향한 환상을 가진다. 지금 우리 한국교회가 상황이 어떻든지 상관없이 환상을 그린다. 우리 믿음의 자녀들에 대한 좋은 환상을 그린다. 믿음은 바라는 것들의 실상이라고 했다.

"믿음은 바라는 것들의 실상이요 보이지 않는 것들의 증거니"
(히 11:1).

우리가 바라보는 환상에 믿음을 더하면 실상이 된다. 우리는 환상을 보고 그 환상을 실상으로 만들어야 할 사람들이다. 당신의 환상을 환상으로 끝내지 말고 실상으로 만들기 바란다. 하나님은 바울 한 명을 통해 아시아와 유럽 전체에 교회를 세우셨듯이 당신의 자녀 한 명을 통해 한국교회가 살아나길 바라신다.

"내 비장의 무기는 아직 손안에 있다. 그것은 희망이다."
_나폴레옹

부모가 자녀에게 꼭 남겨주어야 하는 그것

—

축복과 유언장을
남기라

오래전에 본 〈글래디에이터〉라는 영화가 생각난다. 이 영화는 2001년 최고의 액션영화로 큰 인기를 얻었다. 이 영화 초반에 로마 황제 마르쿠스 아우렐리우스가 나온다. 그는 나이가 들어 후계자를 세우려고 준비한다. 그는 황제의 자리를 부도덕한 아들 코모두스에게 물려주기보다 군인들의 절대적인 존경을 받고 있는 정직한 막시무스 장군에게 물려주려고 한다.

황제는 아들 코모두스를 불러 놓고 진지하게 말했다.

"너는 황제가 될 인물이 아니다. 나의 자리를 막시무스 장군에게 물려주려고 한다."

그러자 왕위 계승에 야심을 가지고 있었던 코모두스는 황제에게

처절하게 외친다.

"아버지는 한 번도 저에게 따뜻한 말을 해준 적이 없었습니다!"

"아버지는 저를 따뜻한 애정으로 포옹해준 적이 없었습니다!"

"아버지가 저를 한 번만이라도 애정을 담아 포옹해주셨더라면 저는 평생을 그 기쁨으로 살았을 것입니다!"

"아버지는 저의 무엇이 그렇게도 싫습니까?"

"아버지, 제 평생에 가장 원하는 것은 아버지의 기대에 부응하는 것이었습니다!"

"아버지가 저를 미워하신 은혜의 대가로 저는 세상을 피로 짓밟고 말겠습니다!"

그러면서 그는 아버지를 살해하고 자신이 황제가 된다.

아버지의 축복을 받지 못해 아버지를 죽이는 참으로 슬픈 이야기다. 사람은 누구나 주위에 있는 사람에게 인정받고 싶어 한다. 특히 자녀들은 부모의 칭찬과 축복을 받고 싶어 한다. 부모의 칭찬을 풍성히 받은 자녀는 자존감 넘치는 인생을 산다. 그러나 어릴 적부터 부모의 칭찬을 받지 못한 아이는 애정결핍으로 인해 평생 정서의 불구가 되어 매사에 사랑을 독차지하고 싶어 하는 성격장애를 갖고 성장하게 된다.

부모가 자녀에게 꼭 남겨주어야 하는 그것

자녀를
칭찬하고
축복하라

당신이 부모인가? 그렇다면 무엇보다도 자녀를 칭찬하고 축복하라. 그 칭찬과 축복이 자녀의 미래를 바꾸어줄 것이다. 오늘날에도 유대인은 자녀를 모아놓고 축복하는 시간을 가진다. 미국의 유대인은 인구의 2%에 불과하지만 대학교수의 20~30%가 유대인이고, 가장 부유한 동네에 사는 사람들 대부분이 유대인이다. 미국의 억만장자 중 3분의 1이 유대인이다. 유대인이 세계에서 부유한 민족으로 가장 큰 영향력을 끼치는 민족으로 살고 있는 데는 여러 가지 이유가 있겠지만, 그중에서 큰 부분을 차지하는 것이 축복이다. 그들은 매주 안식일이 시작되는 금요일 저녁에 가족과 함께 식사하고, 서로를 축복하는 전통이 있다. 유대인 아버지는 제일 먼저 아내를 축복하고 그다음 자녀들을 차례로 축복한다.

유대인은 그들의 조상 아브라함 때부터 축복의 사람으로 살았다. 창세기 12장에 보면 아브라함은 하나님에게 축복의 근원이 되리라는 말씀을 받았다. 그 후 아브라함은 가는 곳마다 축복의 사람으로 살았다. 성경에 나오는 축복의 모델은 이삭이 야곱을 축복하는 것에서 볼 수 있다.

이삭에게는 두 아들이 있었다. 첫째 아들 에서는 사냥을 좋아하는 활달한 성격이었고, 둘째 아들 야곱은 집에만 있는 소극적인 성격의 사람이었다. 아버지 이삭은 나이 들어 눈이 어두워지고 기력이 쇠해지자 죽기 전에 첫째 아들 에서에게 장자의 축복을 하길 원했다. 그런데 둘째 아들 야곱이 에서가 받아야 할 장자의 축복을 가로챘다. 그 사건으로 에서와 야곱은 원수가 되었다. 그만큼 유대인은 아버지의 축복을 귀하게 여겼다. 이삭이 자녀에게 하는 축복을 죽음 직전까지 미룬 것은 이삭의 최대 실수였다. 당신은 자녀를 위한 축복을 미루지 말라.

형이 받아야 할 장자의 축복을 야곱이 먼저 받아버린 것을 뒤늦게 알게 된 에서는 울부짖었다. 이런 에서의 울부짖음은 구약성경에만 있는 것이 아니다. 오늘날에도 자녀들은 아버지의 축복을 받지 못해 울부짖고 있다. 당신은 당신의 자녀를 축복해본 적이 있는가? 「최

부모가 자녀에게 꼭 남겨주어야 하는 그것

고의 경영자 예수」라는 책을 쓴 로리베스 존스는 이런 말을 하였다.

"억만금의 재산보다 한 줄의 예언을 물려주라."

여기서 말하는 예언은 당신은 몇 월 며칠에 죽는다는 것 같은 예언이 아니라 상대방의 마음에 좋은 말을 넣어준다는 의미이다. 즉 칭찬과 축복이다. 부모는 누구보다도 자기 자녀에게 축복의 말을 해주어야 할 책임이 있다. 일주일에 한 번은 온 가족이 모여 패밀리 타임을 가지고, 마지막에는 아버지가 자녀들을 위해 한 사람씩 축복기도를 해준다면 그 자녀는 평생을 살아갈 힘을 갖게 될 것이다.

나는 가끔 사람들에게 당신의 인생에 가장 커다란 영향을 끼친 말을 해준 사람이 누구인가를 물어본다. 세미나 강사나 영화의 대사였다는 말을 들으면 조금 황당한 생각이 든다. 또 다르게 당신의 인생에 가장 큰 아픔을 준 말을 한 사람이 누구인가를 물었을 때 부모라는 대답을 들으면 정말 가슴이 찢어지는 듯 아프다. 그러나 현실이다.

나는 이 책을 읽는 모든 부모에게 말하고 싶다. 당신의 자녀에게 칭찬의 말을 하기 바란다. 축복의 말을 아끼지 않기를 바란다. 놀라운 미래를 예언하기 원한다. 부모는 가장 많은 시간을 자녀와 함께 보낸다. 그 소중한 시간에 자녀를 위해 칭찬과 축복의 말을 한없이 하기 바란다.

축복에는 삶을 변화시키는 능력이 있다. 특히 부모의 축복은 자녀의 인생에 지대한 영향력을 끼친다. 대부분의 부모는 자녀를 축복하기보다 잘못을 꼬집고 나무라는 말을 더 많이 한다.

"너는 성적이 왜 이 모양이냐. 너의 방이 돼지우리냐. 도대체 너는 뭐 하나 제대로 하는 것이 없어."

이런 말은 자존감을 무너뜨린다. 이것은 사탄의 저주이다. 이런 말들을 축복의 말로 바꾸라.

"아들아, 너에겐 꿈이 있지. 꿈을 향해 나아가렴. 하나님은 질서의 하나님이시란다. 방도 치워야지. 넌 무엇이든 할 수 있어. 하나님이 너와 함께하신단다. 아빠는 너를 기대한다."

당신의 자녀를 문제아라 말하지 말고 하나님이 쓰길 원하시는 인물이라는 것을 말하라. 나는 우리 자녀들에게 "너희에겐 하나님의 호의가 따라다니고 있어. 그래서 너희 인생은 잘될 거야"라는 말을 자주 한다. 부모들이여, 사탄의 메시지를 담은 저주를 말하지 말고, 하나님의 메시지를 담은 축복을 말하라. 이와 관련 된 좋은 글 하나를 옮긴다.

십 대의 자녀를 둔 부부는 두 자녀가 보낸 편지를 읽고 울고 있었다. 편지에는 치유와 회복, 기쁨에 대한 내용이 적혀 있었다. 일주일 전만 해도 상황은 전혀 달랐다. 그들 부부의 자녀는 자제력을 잃었

부모가 자녀에게 꼭 남겨주어야 하는 그것

고, 가정은 금방이라도 무너져 내릴 것 같았다. 두 아이는 반항적인 데다가 골칫덩어리였다. 이 두 아이 때문에 집안이 쑥대밭이 된 것이 한두 번이 아니었다. 부모와 자녀의 관계는 다 깨어졌고, 마치 원수처럼 되어버렸다.

그 부부는 억지로 교회 집회에 참석하여 축복에 대한 말씀을 듣게 되었다. 그들은 축복으로 자녀들과의 관계를 회복할 수 있다는 희망을 가지게 되었다. 전에 그들은 상담가를 찾아가서 자기 아이들이 얼마나 나쁜지를 반복해서 말하곤 하였다. 그러나 이제는 그 아이들을 욕하는 대신 축복해주기로 하였다. 화를 내며 마구 쏟아내는 말 대신 사랑과 축복의 말을 하였다. 처음에는 힘들었지만 계속 축복하였다. 그들은 자녀들을 안아주고 축복의 말을 해주었다.

그 후로 아이들이 조금씩 변하기 시작하였다. 자녀들의 태도가 달라지고 학업성적이 향상되었다. 집안은 점점 평안해졌다. 그들은 전쟁이 끝났음을 알았다. 축복이 임하고 있었다. 나아가 자녀들도 다른 사람들을 축복하는 자로 변화되었다. 그날 자녀들이 쓴 편지는 아버지와 어머니를 향한 사랑의 내용을 담고 있었다. 자녀들의 마음이 변화된 것이다. 그들은 부모님의 사랑에 감사하였고, 자신들을 포기하지 않은 좋으신 부모님께 감사드렸다. 한때는 반항적이기만 했던 자녀들이 다시 가정으로 돌아왔다. 이 모든 일이 겨우 일주일 만에 이루어졌다.

축복에는
놀라운
힘이 있다

당신도 축복의 사람으로 살기 바란다. 특히 당신의 자녀에게 축복의 말을 많이 하기 바란다. 아브라함의 아들 이삭은 아버지의 충분한 사랑과 칭찬과 축복 속에 자랐다. 이삭은 이름부터 웃음이다. 이삭은 아버지 아브라함에게 웃음 그 자체였다. 물론 아브라함이 100세에 아들을 낳았으니 그 아들은 말이 아들이지 오늘날 같으면 손자와 같은 존재이다. 아마 아브라함의 눈에는 이삭이 삶의 미래였고 비전이었으며 전부였을 것이다. 이삭은 아버지의 풍성한 칭찬과 축복 속에 자랐다. 이삭은 아버지가 자신에게 한 칭찬과 축복의 힘을 알고 있었기에 그의 삶의 마지막 순간에 축복의 시간을 가졌다.

부모가 자녀에게 꼭 남겨주어야 하는 그것

이삭의 두 아들 중 아버지의 풍성한 축복을 받았던 야곱은 영적인 거장으로 자랐지만 아버지의 축복을 받지 못한 에서는 장자였지만 아버지의 기대와는 전혀 다른 불신앙의 길로 가버렸다. 아버지이삭의 축복을 받고 자란 야곱도 자기가 죽기 직전에 열두 아들을 세워놓고 축복하였다. 특히 야곱은 열두 아들 중 요셉에게 더욱 풍성한 축복을 하였다.

"요셉은 무성한 가지 곧 샘 곁의 무성한 가지라. 그 가지가 담을 넘었도다"(창 49:22).
"네 아버지의 하나님께로 말미암나니 그가 너를 도우실 것이요 전능자로 말미암나니 그가 네게 복을 주실 것이라. 위로하늘의 복과 아래로 깊은 샘의 복과 젖먹이는 복과 태의 복이리로다"(창 49:25).

어린 시절 우리 아버지는 교회를 다니지 않으셨지만 어머니는 기도를 많이 하는 권사님이셨다. 나는 어릴 때부터 목사가 되는 것이 꿈이었다. 나의 꿈을 잘 아는 어머니는 나에게 늘 말씀하셨다.
"우리 원태는 목사가 되면 목회를 정말 잘할 거야."
정말 어머니의 축복의 말씀이 내 목회에 늘 자존감을 주었다.
당신이 아버지인가? 아니면 어머니인가? 상관없다. 당신이 부모라면, 그렇다면 무엇보다도 자녀들에게 축복을 남겨주라. 할 수만 있다면 칭찬과 축복을 많이 하라. 당신이 죽었을 때 당신의 자녀는 당신을 어떻게 평가하길 원하는가? 잔소리가 많은 어머니인가? 칭찬과 축복을 많이 한 아버지인가? 모든 부모는 자신이 죽은 후 자녀에게 칭찬과 축복을 많이 한 좋은 부모로 남길 원할 것이다. 그렇다면 지금 당장 당신의 자녀를 축복하라.

축복의
유언장을
남기라

일본에서 일어난 비극적인 비행기 추락사건은 500명 이상의 생명을 앗아갔다. 네 사람의 생존자는 그들의 불운한 여행의 비극적인 마지막 반 시간의 이야기를 썼다. 30~40분 동안 비행기는 하강을 제어할 안정판이 없었다. 그 결과 그 시간 동안은 공포와 혼란의 시간이었다. 어떤 승객들은 두려움으로 소리를 지르고, 다른 이들은 구명재킷을 입었다. 그러나 한 중년의 일본인은 그의 가족에게 유언을 적었다. 나중에 그 메모는 그의 몸에서 발견되었고, 마침내 아내와 세 아이에게 전달되었다. 그들이 비록 육체적으로는 떨어져 있었지만 그 글은 특별한 미래를 가질 아이들과 아내에 대한 애정을 담고 있었다. 가족을 깊이 사랑했던 이 남자의 마지막 말을 들어보자.

"나는 매우 슬프다. 그러나 슬퍼하고만 있지는 않을 것이다. 비행기는 곤두박질치면서 하강하고 있다. 셔오시(큰아들), 나는 너에게 말한다. 너와 동생들은 꼭 훌륭해질 것이다. 열심히 공부하고, 네 어머니를 도와야 한다. 게이꼬(아내), 당신 자신과 아이들을 잘 돌보구려. 마지막이었던 우리의 저녁식사를 생각하오. 나는 내가 누렸던 진실로 행복한 그날을 감사하오."

이 일본인의 아내와 아이들은 아버지를 더 이상 볼 수 없지만 아버지가 남긴 따뜻한 사랑의 말을 가슴에 품고 거센 풍랑을 이기며 살아갈 것이다.

당신은 당신의 자녀에게 어떤 유언장을 쓸 것인가? 무엇보다도 칭찬과 축복의 말을 남기기 바란다. 그러면 그 축복의 말이 자녀들의 인생을 이끌고 갈 것이다. 잠깐 여기서 어떻게 축복의 유언장을 써야 하는지 이삭의 축복을 통해 살펴보자. 이삭은 형 에서를 속이고 장자의 축복을 대신 받으려고 다가온 야곱을 품고 축복기도를 하였다. 이삭의 축복에는 몇 가지 특징이 있다.

부모가 자녀에게 꼭 남겨주어야 하는 그것

첫 번째 특징은 환대하는 것이다.

이삭이 야곱을 축복하기 전에 야곱에게 입을 맞추고 좋은 냄새가 난다고 말한다. "그가 가까이 가서 그에게 입맞추니 아버지가 그의 옷의 향취를 맡고 그에게 축복하여 이르되 내 아들의 향취는 여호와께서 복 주신 밭의 향취로다"(창 27:27). 구약에서 입 맞추고 안아주는 것은 의미 있는 접촉이다. 상대방을 환대한다는 뜻이다. 그리고 노총각인 야곱을 포용하고 좋은 냄새가 난다고 말한다. 이것도 상대방을 향한 환대이다.

두 번째 특징은 미래의 형통함을 말한다.

"하나님은 하늘의 이슬과 땅의 기름짐이며 풍성한 곡식과 포도주를 네게 주시기를 원하노라"(창 27:28). 이 땅에서의 기름짐과 풍성함은 부유함을 말한다. 진짜 부유함은 사람에게 나오는 것이 아니라 하나님에게서 나온다. 하나님께서 복을 주셔야 진짜 복이 된다.

세 번째 특징은 축복의 근원이 될 것을 말한다.

"만민이 너를 섬기고 열국이 네게 굴복하리니 네가 형제들의 주가 되고 네 어머니의 아들들이 네게 굴복하며 너를 저주하는 자는 저주를 받고 너를 축복하는 자는 복을 받기를 원하노라"(창 27:29). 이것은 이삭이 야곱에게 복의 근원이 되라고 말하는 것이다. 정말

이 축복으로 야곱의 후손에게서 메시아가 태어난다. 이런 이삭이 야곱에게 한 축복을 보면서 당신도 당신의 자녀를 축복하고 축복의 유언장을 쓴다면 도움이 될 것이다.

나는 이 장을 마치면서 우리 자녀에게 축복의 유언장을 써보려고 한다. 극히 개인적인 것이어서 우리 첫아들에게 쓴 것만 공개한다. 이 유언장이 이 책을 읽는 독자들에게 조금이나마 도움이 되었으면 한다.

사람은 죽을 때 유언을 남긴다. 그런데 갑자기 죽음을 만나면 유언을 남기지 못하고 죽을 수 있다. 그래서 유언장은 지금 써야 한다. 그리고 일 년에 한 번씩 업그레이드하면 된다. 당신은 유언장에 무엇을 남기겠는가? 축복의 말을 남기면 좋겠다. 당신 안에는 자녀를 위한 축복이 가득하다. 그 가득한 축복을 마음에만 품고 있지 말고 축복의 말로 풀어 놓기 바란다.

부모가 자녀에게 꼭 남겨주어야 하는 그것

나의 유언장

사랑하는 첫째 아들 신영이에게.

신영아, 아빠가 이제 천국에 가게 되었구나. 엄마와 너희를 두고 먼저 천국에 간다고 생각하니 실감 나지 않지만 너에게 유언장을 쓴다.

아빠는 엄마와 결혼하고 1년 동안 아기가 없었단다. 그래서 계속 기도했는데 1년 후 너를 가지게 되어서 얼마나 기뻤는지 모른다. 나는 네가 엄마 배 속에 있을 때 엄마 배에 손을 대고 네가 움직이는 것을 느끼곤 했단다. 네 엄마는 너를 임신한 후 혹시라도 전자파에 노출될까 봐 컴퓨터가 있는 방에는 들어오지도 않았고 음식도 다 조심하며 먹었단다. 우리 집은 온통 배 속에 있는 신영이가 중심이 되어 굴러갔단다.

나는 그 시기에 두란노서원에서 큐티 편집장으로 있었는데, 온종일 회사에서 일하다가 집으로 돌아오면 먼저 너를 품고 있는 엄마 배 위에 손을 얹고 축복기도를 하였단다. 아빠는 어릴 때부터 건강이 좋지 않아서 너를 위해 기도할 때면 가장 먼저 건강한 자녀가 되게 해달라고 기도했단다. 정말 그 기도대로 하나님께서 너를 아주 건강하게 태어나게 해주셔서 너무나 감사드린다.

신영아, 아빠는 네가 세상에 태어날 때 너무 기뻐서 병원에서 밤을 꼬박 새웠단다. 너를 품에 안고 집으로 돌아오는 날엔 세상을 다 얻은 것처럼 기뻤단다. 신영아! 신영이가 우리 집에 태어나주어서 정말 고맙다. 너는 태어날 때부터 지금까지 참 마음이 크고 선한 아이였단다. 너는 내가 본 누구보다도 성품이 바른 아이란다. 우리 신영이에게 좋은 성품을 주신 하나님께 감사드린다. 너는 지금까지 너의 두 동생에 대해 단 한번도 불평하거나 동생들의 단점을 말한 적이 없었다. 너는 아빠보다 훨씬 훌륭한 사람이야. 늘 너의 두 동생에게 너그럽게 대해주어서 참 고맙다. 너는 좋은 오빠이며 좋은 형이다. 아빠는 우리 신영이가 우리 집의 장남이어서 든든하구나.

아빠는 신영이와 함께 여러 곳을 여행하면서 참 행복하였다. 너를 데리고 여행하면 든든하고 편하고 재밌었단다. 네가 5학년 때 중국 여행을 가서 함께 지냈던 것이나 미국 여행을 함께 한 것이나 그 외 여러 나라를 같이 다닌 것도 다 즐거웠단다. 아빠는 우리 가족이 미국에서의 유학생활을 마치고 한국으로 돌아올 때 비행기에서 네가 그린 그림이 아직도 생각난단다. 그 그림은 비행기를 탄 아이가 눈물을 흘리고 있는 모습이었지. 이 아이가 누구냐고 물었더니 너라고 했어. 왜 우느냐고 물었더니 친구들을 두고 한국으로 가는 게 너무 슬퍼서 운다고 말했지. 아빠는 그때 너를 한국으로 데리고 돌아오는 것이 참 미안했단다.

한국에 돌아와서 아빠 엄마가 홈스쿨을 결정하고 집에서 너와 두 동생과 함께 공부할 때 잘 따라와 주어서 고마웠단다. 가끔 우리 교회에 미국 선교사님들이 와서 영어로 설교하면 고등학교 2학년이었던 신영이가 통역해주어서 대견하고 고마웠단다. 아빠는 네가 대학에 합격한 날의 기쁨을 잊지 못한단다. 초등에서 고등학교 과정을 홈스쿨로 엄마와 함께 공부하고, 혼자 인터넷을 뒤지며 입학원서를 내고, 에세이를 쓰고 토플 시험을 쳐서 미국 대학에 입학하게 된 날 아빠는 정말 기뻤단다. 첫째인 신영이가 입학하니 둘째, 셋째도 용기를 얻어 외국에서 공부하게 되었지. 신영이의 수고에 고마움을 전한다.

너는 대학에 들어갈 때 교수가 되려는 계획을 가지고 공부하였는데 대학 졸업할 즈음에 갑자기 목회가 하고 싶다며 신학 대학원에 가겠다고 해서 내가 반대했었지. 사실 나는 착하기만 한 네가 이 고난의 길을 갈 수 있을까 걱정되었단다. 그래서 나는 정 목회의 길을 가기 원한다면 일주일 금식한 후 대화하자고 했지. 네가 일주일 금식 후 나에게 여전히 목회의 길을 가 겠다고 말했을 때 아빠는 사실 참 기뻤단다. 나는 누군가 아빠 의 뒤를 이어 목회할 사람이 있으면 좋겠다고 생각하고 있었 는데 첫째인 우리 신영이가 그 길을 가겠다고 해서 행복했단 다. 그 후 너와 더 많은 부분을 이야기할 수 있어서 행복했다.

신영이에게는 친할아버지, 친할머니, 외할아버지, 외할머니, 아빠, 엄마, 삼촌들, 수많은 사람이 너를 위해 중보기도를 쌓 아왔고, 또 아빠도 천국에 가서 너를 위해 계속 기도하마. 아 빠는 참 행복한 가정을 이루었는데 신영이는 아빠보다 훨씬 좋은 행복한 가정을 이룰 거야. 아빠가 좀 더 오래 살아서 너의 목회를 훈수하고 도와주지 못해 아쉽긴 하지만 나보다 성령께 서 너를 친히 인도하고 이끌어주실 것을 믿는다.

신영아, 너의 인생에는 하나님의 호의가 늘 따라다녔어. 앞으 로도 너의 인생에 하나님의 선한 호의가 따라다닐 거야. 너에 겐 언제나 좋은 사람이 나타났었고 좋은 기회가 있었단다. 앞 으로 너의 인생에 여호수아와 갈렙 같은 좋은 동역자가 나타 날 것이다. 신영이는 아빠의 목회보다 천배 만배나 더 큰 사역 을 할 것이야. 아빠는 30여 개의 나라를 다니며 복음을 전했는 데 신영이는 아빠보다 10배는 더 많은 나라에 복음을 전하는 글로벌한 사역자가 되길 바란다. 신영이가 다음세대를 주께로 이끄는 놀라운 사역을 하길 기도한다.

아빠는 확신한단다. 우리 신영이가 가는 곳마다 젊은이들이 몰려오고 병든 자가 치유되고 병든 가정이 회복되며 죽어가는 자들이 살아나게 될 것을…. 너는 분명 하나님께서 크게 쓰실 것이다. 아마 아빠의 인생보다 더 크게 쓰실 것을 믿는다. 너는 아빠에게 주신 하나님의 큰 선물이란다. 아빠는 신영이 때문에 늘 기쁘고 행복했다. 신영이는 아빠의 자랑이며 기대이다. 고맙다.

그리고 마지막으로 신영아, 네가 이제 아빠 대신 가정의 아버지로 엄마와 예영이, 그리고 찬영이를 잘 도와주렴. 아빠가 먼저 천국에 갔다고 울지 마라. 잠시 천국에 가 있는 것이니 곧 다시 보자.

사랑한다, 우리 아들!

사랑한다, 우리 첫째!

사랑해, 사랑해, 사랑해! 영원히!

잠시 천국에 먼저 간 아빠로부터

세상의 모든 부모는 자녀를 사랑한다. 문제는 자녀가 그 부모의 사랑을 잘 느끼지 못하는 것이다. 내가 내 자녀를 사랑하는 것은 확실한데 그 사랑을 전하는 방법이 서툴기 때문에 자녀에게 사랑이 잘 전달되지 않는 것이다. 나도 내 인생을 되돌아보니 내가 서툴러서 내 자녀들에게 사랑을 잘 전하지 못했음을 알게 된다. 이제라도 나에게 남아 있는 주어진 시간에 아이들을 좀 더 사랑해야겠다고 다짐한다. 지금까지 당신의 자녀를 사랑해주지 못했다면 오늘부터라도 어제보다 조금 더 사랑하라. 부모의 사랑이 있는 한 자녀는 망하지 않는다.

당신의 자녀들이 부모가 나를 사랑한다는 확신을 가지면 당신의 자녀는 시시한 인생을 살지 않을 것이다. 당신에게 남아 있는 시간은 당신의 자녀를 조금 더 사랑할 기회이다. 아이들을 만나도 그냥 아무 생각 없이 만나지 말라. 같이 차를 타고 가도 그냥 아무 생각 없이 차를 타고 간다면 정말 소중한 시간을 낭비하는 것이다. 자녀가 말을 걸어오길 기다리지 말고 한 번 더 생각하고 말을 먼저 건네라. 아이에게 관심을 가지고 아이의 미래를 설계하도록 도와주고 아이의 고민을 들어주라.

만약 당신의 자녀가 부모에게 말하지 않는다면 분명 그 아이는 자신의 고민을 다른 사람에게 말할 것이다. 만약 내 아이가 자신의 진로를 나에게 의논하지 않고 이웃집 아저씨에게 의논한다면 정말 내 가정은 엉망인 가정이 된 것이다. 그 책임은 부모인 나에게 있다. 내가 먼저 마음을 열어야 한다. 세상에 있는 모든 아이는 좋은 아이로 태어난다. 문제는 부모인 것이다.

세상에 있는 모든 자녀는 엄마 앞에서 작아진다. 엄마가 그 자녀보다 학력이 뛰어난 것도 아니고 미모가 뛰어난 것도 아니다. 단지 엄마의 사랑이 크기 때문이다. 그래서 세상의 모든 자녀는 엄마 앞에만 가면 작아지는 것이다. 엄마가 자녀를 사랑하는 것은 하나님이 주신 본능이다. 당신이 엄마라면 그 사랑에다 지혜를 더하라. 지혜로운 엄마는 아이에게 날개를 달아줄 것이다.

당신이 아버지라면 먼저 당신의 아내를 진심으로 사랑하라. 당신이 아내를 사랑하면 할수록 당신의 자녀는 당신을 존경할 것이고, 가정의 행복을 누리게 될 것이다. 가정에서 행복을 누리며 사는 자녀들은 가정에 대한 아름다운 꿈을 가질 것이고, 가정에서 행복을 누리지 못한 자녀들은 가정 밖에 행복이 있는 줄 알고 평생 무지개를 찾아다니는 배고픈 인생이 될 것이다.

러시아의 대문호 톨스토이는 이런 말을 했다. "만일 당신이 가정에서 행복을 얻을 수 없다면 세상 그 어디에서도 행복을 얻을 수 없을 것이다." 당신이 아버지라면 아내를 사랑하고 그다음은 당신이 가지고 있는 지혜에다 사랑을 더하라. 사랑이 많은 아버지는 아이에게 세상을 다 품을 수 있는 큰마음을 줄 것이다. 똑똑한 아버지보다 사랑 많은 아버지가 되라. 세상에서 위대한 아버지보다 내 자녀 한 사람에게 사랑이 많은 아버지가 되라. 사랑이 많은 아버지 밑에서 자란 아이는 이 세상을 행복하게 살 것이고, 사랑이 많은 아버지 밑에서 자란 아이는 자라서 또다시 사랑이 많은 부모가 될 것이다.

인생은 참 신비하다. 사랑은 주면 줄수록 손해가 아니라 사랑을 주는 내가 더 풍성해지는 것이 성경의 원리이다. 부모들이여, 자녀에게 무엇을 바라지 말고 그냥 사랑을 마음껏 부어주어라. 엄마가 자녀를 사랑하는 것은 너무나 당연한 일이다. 아버지의 사랑이 중요하다. 당신이 아버지인가? 그렇다면 아버지의 사랑을 자녀들에게 표현하라.

아버지의 사랑은 위대하다. 아버지가 자녀에게 사랑으로 다가간다면 자녀의 잠재력엔 무한한 가능성의 세계가 열릴 것이다. 당신의

부모가 자녀에게 꼭 남겨주어야 하는 그것

가장 위대한 사명은 당신의 자녀를 아낌없이 사랑하는 것이다. 이 책을 읽고 있는 당신이 아버지라면 오늘부터라도 자녀를 사랑하라. 너무 늦은 때란 없다. 지난날은 중요하지 않다. 오늘부터 행동하는 당신이 자녀의 미래를 결정할 것이다.

"당신이 되고자 하는 사람이 되기에 너무 늦은 때란 결코 없다."
_조지 엘리엇

부모인 나는 자녀를 어떻게 양육하고 무엇을 물려주려고 하는가?
부모가 자녀에게 꼭 남겨주어야 하는 그것은 무엇인지 정리해보자.

■ 나의 신앙 고백 2

부모인 나는 자녀를 어떻게 양육하고 무엇을 물려주려고 하는가?
부모가 자녀에게 꼭 남겨주어야 하는 그것은 무엇인지 정리해보자.

부모인 나는 자녀를 어떻게 양육하고 무엇을 물려주려고 하는가?
부모가 자녀에게 꼭 남겨주어야 하는 그것은 무엇인지 정리해보자.

부모인 나는 자녀를 어떻게 양육하고 무엇을 물려주려고 하는가?
부모가 자녀에게 꼭 남겨주어야 하는 그것은 무엇인지 정리해보자.